DER WEG DER WELT

HILDEGARD VON BINGEN

Übersetzt von
MARIA LOUISE LASCAR

INHALT

Hildegard von Bingen   1

1. BUCH

Die erste Vision: Von der geistlichen   13
Einsicht.
Die zweite Vision: Vom Fall der Engel   17
und Menschen
Dritte Vision: Vom Weltall.   21
Die vierte Vision: Von Seele und Leib.   30
Die fünfte Vision: Von der Synagoge.   49
Die sechste Vision: Von den   53
Engelchören.

2. BUCH

Die erste Vision: Vom Erlöser.   61
Die zweite Vision: Von der Dreifaltigkeit.   70
Die dritte Vision: Von der Taufe.   73
Die vierte Vision: Von der Firmung.   82
Die fünfte Vision: Von den drei Ständen.   89
Die sechste Vision: Von der Eucharistie   101
und Buße.
Die siebte Vision: Vom besiegten Teufel. 118

3. BUCH

Die erste Vision: Vom Engelsturz.	131
Die zweite Vision: Von der Gottesstadt.	142
Die dritte Vision: Vom Turm der Vorbereitungszeit.	152
Die vierte Vision: Von der Säule des Gottesworts.	161
Die fünfte Vision: Vom Zorn Gottes.	170
Die sechste Vision: Vom alten Bund.	174
Die siebte Vision: Von der Dreifaltigkeit.	185
Die achte Vision: Die Säule des Erlösers.	190
Die neunte Vision: Der Turm der Kirche.	199
Die zehnte Vision: Die erste von der Zukunft der Kirche.	208
Die elfte Vision: Die zweite von der Zukunft der Kirche.	213
Die zwölfte Vision: Vom Jüngsten Gericht.	221
Die dreizehnte Vision: Von den Chören der Seligen.	226

HILDEGARD VON BINGEN
ZUR EINFÜHRUNG

Deutschland hat eine dantegleiche Frau und kennt ihr Werk nicht, das Werk der größten Dichterin und Philosophin des deutschen Mittelalters, einer Prophetin und einer Heiligen, der alle Größen ihrer Zeit, Bernhard und Barbarossa, die Kirchenfürsten und weltlichen Fürsten in Ehrfurcht gehuldigt haben, und die so hoch über gemeinmenschliches Maß hinausragt, daß eben dies Übermenschliche bedrückt und scheu macht, an das Geheimnis dieser Persönlichkeit zu rühren und zu fragen, was ihr Werk zu bedeuten hat. Die Heiligengestalt ist bekannt und in ein paar guten und weniger guten Biographien gezeichnet, aber ihr Werk ist geschützt durch den Feuerkreis des symbolischen Geistes, und seine heroische Höhe ist nur zugänglich durch Geist, durch Denken in mittelalterlichem Geiste. Dabei ist es wiederum nicht die deutsche Mystik, jene Mystik des 14. Jahrhunderts, die dank den Romantikern und Germanisten leidlich erforscht, teilweise übersetzt und in ihren großen

Namen wenigstens als Gemeingut der Gebildeten gelten kann und auch nicht die Scholastik des 13. Jahrhunderts, die langsam durch einen großen Kreis deutscher und ausländischer Gelehrter wieder zugänglich gemacht wird, sondern es ist die Weltanschauung des 12. Jahrhunderts, die am besten deutscher Symbolismus genannt werden kann und allein hinzuführen vermag zum Werk der prophetissa teutonica.

Dieser Geist des 12. Jahrhunderts ist uns so schwer zugänglich, weil unsere eigene Frömmigkeit allzusehr vom religiösen Einzelmenschen ausgeht, von Gebet und Andacht, Erbauung und Mystik oder Gotteserkenntnis, und weil sie die religiöse Welt kaum mehr als Gotteswerk, als absolut eigenständige Wirklichkeit, als Heilsvorgang und Heilsgeschichte, Christengemeinschaft und Gottesreich sieht. Gott und die Einzelseele, das ist unsere intime, private Religiosität, Gott und alle Geister vom Engelsturz bis zum Jüngsten Gericht, das ist die monumentale Frömmigkeit des kosmischen, weltweiten und ewigkeitstrunkenen 12. Jahrhunderts.

Es war insbesondere ein Kreis von deutschen Denkern, der im 12. Jahrhundert eine mächtige Geistesbewegung getragen hat, die ihrer äußeren literarischen Breite nach sicher die Mystik des 14. Jahrhunderts übertrifft, und die sich in den großen exegetischen Weltdichtungen eines Rupert von Deutz, Honorius, Hugo von St. Victor, Anselm von Havelberg, Otto von Freising, Gerhoh und Anselm von Reichersberg ausgesprochen hat. Nun, da langsam symbolisches und mythisches Denken auch von uns wieder innerlich errungen wird, ist es vielleicht an der Zeit, das Hauptwerk der Seherin und Dichterin dieses Kreises, der heiligen Hildegard von Bingen (1098 bis 1179) zu ihrem 750jährigen Jubiläum zugänglich zu machen.

In unserem Weltbild steht alles für sich allein, und so ist alles nicht weiter bedeutungsvoll. Symbolismus aber heißt, daß schlechthin alles bedeutungsvoll ist, hinweisend auf anderes, weil alles in einer universalen Ordnung steht, alles gegenseitig aufeinander bezogen ist und in dieser Beziehung aller Sphären aufeinander einen ewigen, großen, buchstäblich welterschütternden Sinn besitzt. Alles ist Offenbarung einer unendlichen Willensmacht und Weisheit, die alle Zeiten in Ewigkeit bestimmt und ihr Werk und ihren Plan mit den Menschen in einem geschlossenen Weltepos der Entfaltung und Vollendung des Gottesreiches vollbringt. Der Kosmos einer unendlichen Zeitenordnung ist damit aufgetan, sie ist die wahre Weltordnung, alles Äußere ist nur Bild und Gleichnis, Symbol! Alles gute Endliche ist heilig, alles Sichtbare ist Zeichen, jede Form ist Gleichnis, weil im Symbolismus anders als bei der Mystik nichts in der gefühlten oder geahnten Unendlichkeit einer Einigung mit Gott versinken soll, sondern in aller Form die Hand des formenden Meisters und das Geheimnis der dreifaltigen Ordnung in Gott aufgespürt werden soll. Das Weltbild wird visionär, weil die Symbolschau durch alle Weltdinge und Weltereignisse hindurchblickt und von ihrer Bildform auf die makrokosmische und transkosmische Ordnung des Gotteswerkes schließt.

Was bisher vom Symbolismus ausgesagt wurde, ist den deutschen Symbolikern des 12. Jahrhunderts gemeinsam. Hildegard, die Frau, hat es für sich allein, daß ihre Symbolschau sich zu echten Visionen steigert. Das erhebt sie noch über Dante, der seine Visionen nur dichtet. Ihr Enthusiasmus ist in einem höchsten Sinne Poesie, Extase und Inspiratio, überwache Bilderschau und gleichsam von außen her gehörtes Wort, dessen Fülle sie stammelnd und übersprudelnd aus sich herauswirft.

Der poetische Geist ihres Werks ist zudem der eigentliche Sinn ihrer Spiritualität. Es entspricht ihrer betonten und selbstbewußten Fraulichkeit, daß sie gerade als Frau Besonderes zu sagen hat. Trotzdem gibt das individuell persönliche Gemütsleben Farbe und Klang für eine an sich durchaus objektive liturgische und kosmische Frömmigkeit ab: die Harmonie zwischen Gott und der Welt als Seelenharmonie, das ist die metaphysische Formel für ihr Werk.

Sie ist im herrlichsten Bild zu Anfang ihres Hauptwerks *Scivias*, »Wisse die Wege« oder objektiv: »Der Weg der Welt« gestaltet: die unerträglich leuchtende Majestät Gottes thront in Menschengestalt auf dem eisernen Berg der Ewigkeit und Kirche, aber der sanfte Schatten ihrer Flügel geht als die milde Erlösung von ihr aus. Vor ihm steht die Seele als Furcht Gottes und als Armut im Geiste und wird so gewaltig erleuchtet mit dem goldenen Lichtstrom der göttlichen Heilskraft und Erschließung der Siegel der Geheimnisse, daß ihr eigenes Antlitz verschwindet.

Das System der Visionen – man muß tatsächlich von einem solchen reden, so paradox es klingt, – ist dasselbe wie bei Rupert und Hugo, die Kirchengeschichte vom Engelsturz bis zum Jüngsten Gericht und zur Verklärung im Himmel. Das Weltbild ist wesenhaft in der geschichtlichen Abfolge gesehen. Aber bei Hildegard ist eine viel vehementere Dynamik wirksam als bei Hugo. Der Engelsturz ist eine kosmische Katastrophe der superbia. Ihm ist Adams und Evas Fall angeschlossen (II. Vis.). Das Weltbild selbst ist in der eigenartigsten aller mittelalterlichen Schauungen gegeben: das Bild des Ptolomäischen Weltsystems ist zunächst einmal in der Ebene eines bewegten Lichtbildes gesehen. Seine Einzelheiten sind dann sogleich, ohne daß die sichtbare Wirklichkeit der Symbole, die Goldflammen des Empyreums, die rotschwarze Schale der Blitze mit den grünen Oststürmen, die blaue Ätherwelt mit den goldenen und weißen Sternen, Sonne und Mond, die fünf Planeten, die Eis- und Regenschale und schließlich der Kreis der vier Erdelemente ausdrücklich bezeichnet würde, auf die Majestät des allmächtigen Gottes, auf Christus, die Sonne der Gerechtigkeit, auf die mild leuchtende Kirche, auf die Taufe usf. gedeutet. Der symbolische Gehalt des Kosmos ist bedroht von der magischen und dämonischen Gewalt der Welt, die erst durch die Menschwerdung des Gottessohnes überwunden wurde (3. Vis.). Der Makrokosmos ist die äußere Wohnstatt der Seele, sie haust dann weiter im Mikrokosmos des Leibes, ihr leuchtender Kern ist herabgekommen vom leuchtenden Symbol des ewigen Wortes. Als Kämpferin muß die Seele erst den im mütterlichen Leibe empfangenen Turm ihrer Leiblichkeit auferbauen aus den verschiedenen Elementen und Temperamenten. Das Naturgesetz ist hier mit der Naturempfindlichkeit einer Frau in seiner ganzen Differenzierung aufgefaßt und in die natürliche Dramatik der Seelenkräfte verlegt (4. Vis.). Das mosaische Gesetz ist als die starr erhabene weibliche Gestalt der Synagoge gesehen, die auf ihrer Brust Moses und in ihrem Schoß Aaron, die Patriarchen und Gerechten trägt (5. Vis.). Die neun konzentrischen Kreise der Engelchöre erklingen in himmlischer Sphärenharmonie (6. Vis.).

Das ist die himmlisch-irdische Vorgeschichte des eigentlichen, geheimnisvollen Lebens der Kirche, das in den weiteren Visionen gezeigt wird, und dem in den letzten drei Visionen das irdischhimmlische Nachspiel des Gerichts und der Verklärung folgt. Das zweite Buch gibt zunächst die Christologie. Die Menschwerdung ist ein kosmisches Licht- und Gnadenwunder, die kosmische Wende der Wiederherstellung der Naturordnung durch die Rückverbindung des Seelenweltreichs in die Gottnatur (II, 1). Nun erst offenbart sich die Trinität in ihrem vollen Glänze als ein Menschenbild in drei Flammenkreisen der Klarheit, Kraft und Glut (II, 2). Es erscheint in den fünf weiteren Visionen des zweiten Buchs die goldstrahlende Frauengestalt der Kirche, Mutter des sakramentalen, zeitlich-ewigen Lebensdramas der Seele, groß wie eine Stadt, wunderbar getürmt, mit erhobenen Armen, von denen gleich Gottes Flügeln der Gnadenstrom vom Himmel auf die Erde träufelt. Durch das Gitter ihres Leibes gehen die Seelen zur Wiedergeburt der Taufe ein und aus (II, 3). Dann erscheint dieselbe Frauengestalt als der Turm der Firmung zur Stärkung und Salbung der Seele in ihrem Lebenskampf und dann als die leuchtend reine Jungfrau des Sakramentes der Jungfräulichkeit, der weiblichen Ordensweihe, die die Seherin hier zwischen die sieben Sakramente einfügt, und die sie mit dem priesterlichen ordo und dem Stand der Ehe zu drei gleichberechtigten Ständen der Kirche verbindet (II, 5). Die sechste Vision, die das Altarssakrament schildert, wächst zu einem mächtigen Traktat von der Eucharistie an und klingt in die Mahnung zur Buße aus. Das düstere Gegenbild dieses sakramentalen Lebens ist die siebte Vision: der im Abgrund auf 1000 Jahre gefesselte Drache in den Farben der weltlichen Traurigkeit, des Ungehorsams, der Ruhmsucht, des Neides und der Verstellung liegt neben dem Markt der irdischen Eitelkeiten. Die Dämonie der Welt ist gebunden und hell leuchtet über ihr ein hoher Berg mit vielen Flammen und Zungen, das ist der Glaube der freien Völker und die Erhabenheit ihres Ruhms.

Die ersten zehn Visionen des dritten Buches sind nochmals ein Drama im Drama, die *Weltgeschichte der Kirche* als Gottesstadt auf dem Berge der Gotteswelt. Auf leuchtender Wolke thront der Christus-König über ihr, der an seiner Brust den armseligen Menschen birgt. Der zeitliche Ablauf ist durch den Zwang der Augenblicksvision zu dem bizarren Modell einer Stadt mit vier Mauern und vielen Türmen versteinert, die aufgestellt ist zwischen den vier Angelpunkten der Welt, Süd, Ost, Nord, West. In einer Vision ist zunächst die Schau der ganzen Reichsgottesstadt zusammengefaßt, dann ist in einzelnen Visionen Stück für Stück geschaut, aber auch in den Einzelheiten bricht immer wieder der Sinn des Ganzen durch, so wie die Zelle im Organ und dies im Organismus steht.

Von Ost nach Nord führt die eisenfarbene Mauer der *Zeit von Abel bis Noe*. Auf ihr erhebt sich der Turm des vorherbestimmenden Gotteswillens. Durch die Beschneidung und das Gesetz ist der Erlösungswille Gottes vorausverkündigt. Fünf Gestalten stehen auf ihm, die das Tugendleben dieser Zeit darstellen, im einzelnen zwar nur allegoriehaft gegeben sind, aber miteinander doch echtes Symbol zur Charakterisierung dieser Zeit sind (III, 3).

Eine hohe Säule an dieser Mauer zeigt die *Vorläufer Christi*, Abraham, Moses, Josue, die Patriarchen und Propheten, die die Menschwerdung voraussehen. Ihnen entsprechen die Apostel, Märtyrer, Bekenner und Jungfrauen an der zweiten Kante, an der dritten aber leuchtet der Glanz der *spiritualis intelligentia*, des geistlichen Verständnisses der Schrift (III, 4). Über der ersten Ecke erhebt sich gleich einem Mauerkopf das schreckhafte rotleuchtende Haupt des göttlichen Zorns (III, 5).

Von Norden nach Westen erstreckt sich die dreifache Steinmauer des *Werkes der Kirche im israelitischen Volk* von Abraham und Moses bis zur Menschwerdung. Unter diesem nicht gerade glücklichen Bilde ist die *Soziallehre* Hildegards untergebracht, die Unterordnung aller Menschen und Völker unter das Königtum Christi, das alle frei macht. Die Führergestalten ragen hervor, und durch den Hinblick auf sie unterscheidet sich edel und unedel (III, 6). Die Säule der Dreifaltigkeit, die nochmals die Verbindung des symbolischen Geistes mit der Trinität darstellt, steht im Schnittpunkt der nördlichen und westlichen Mauer, mit der nun die *neue Kirchengeschichte bis zur Gegenwart Hildegards* beginnt (III, 7). Die Säule der Menschwerdung als Lebensoffenbarung des Leibes Christi wird verdeutlicht durch die christlichen Haupttugenden, Glaube, Hoffnung, Liebe, Demut, Gottesfurcht, Gehorsam, Keuschheit, Unschuld und Gottesgnade (III, 8). Endlich gibt der Turm der Kirche in einem sehr eindrucksvollen Bilde das Kirchenleben selbst. Die Gläubigen gehen durch ihn hindurch und steigen in ihm auf der mystischen Leiter empor, wo oben die sieben Gaben des Heiligen Geistes stehen als die eigentlich spirituellen Lebenskräfte der Kirche. Noch gewaltiger aber entfaltet sich die eschatologische Furchtbarkeit, das tremendum der noch ausstehenden *Kirchengeschichte der Zukunft*, die in drei analogen Bildern gegeben wird, in fünf apokalyptischen Tieren des Hundes, Löwen, Pferdes, Schweines und Wolfes als Symbolen der wildesten Lebenstriebe der zeitlichen Reiche, der Feurigkeit, Kriegswut, Leichtfertigkeit, Unreinheit und Raubgier. Die Gestalt des Christus-Königs wird nun auch von der Mitte nach unten hin bis zu den Füßen geoffenbart als der leidende Christus der fünf kommenden, antichristlichen Verfolgungszeiten, und endlich wird im furchtbarsten aller Bilder auch der untere Teil der Kirchengestalt selbst gezeigt, nackt und blutig mit zerschlagenen Beinen, in ihrem Schöße das teuflische Haupt des Antichrist, der nach fünf Zeitabschnitten am sechsten wie einst der Mensch nach den fünf Schöpfungstagen als der andere Menschensohn der Dämonie erscheinen wird, sich in der gewaltigen Endkatastrophe zur Himmelshöhe erheben, aber durch das Donnerwort Christi herabgestürzt werden wird (III, 11). Dann kommt das Weltgericht mit der Auferweckung der Toten und das Erscheinen des Richters, der Sturz der Verdammten in die Hölle und das Hervorbrechen von Feuer, Luft und Wasser im Reinigungssturm der Welt, auf daß nach dieser letzten Katastrophe die neue Erde und der neue Himmel erscheinen kann. Die Chöre der Engel und Seligen ordnen sich neu nach den Rangstufen der himmlischen Gemeinschaft, Maria, die Engel, Patriarchen, Propheten, der Vorläufer Johannes, Petrus, Paulus, die Apostel, Stephanus und die Märtyrer, die heiligen Könige und Päpste und die Jungfrauen. Das ist, nur nicht so streng durchgeführt, die Dantesche

Ständeordnung des Himmels, Nachbild der idealen irdischen Ständeordnung.

Es ist ein erhabener Augenblick des Mittelalters, in dem diese Weltdichtung vollendet wurde. Mag sie uns auch in vielem herb, manchmal nur allegorisch und moralistisch erscheinen und schwerverständlich für uns sein, die wir so ganz des symbolischen Denkens entwöhnt sind, so ist sie dennoch größer und eindringlicher und echt visionär, anders als Dantes Divina Commedia. Gleichzeitig mit Bernhard, den auch Dante als den höchsten Genius des Mittelalters verehrt, und der wirklich persönlich den Sinn des Mittelalters verkörpert, stand diese deutsche Frau auf, um bildhaft und dichterisch, alles was der deutsche Symbolismus gedacht, zu erleben und zu fühlen und es in apokalyptischer Sprache auszusprechen. Was immer auch die Kunst des Mittelalters unbewußt oder in symbolischer Weisheit vom Sinn dieser Zeit zu sagen und zu gestalten wußte, hier ist in persönlicher Eigenart auf einmal das Ganze gesagt. Mag der Romane Dante formvollendeter am Schluß des italienischen Symbolismus wie Hildegard am Ende des deutschen nochmals ein noch mehr moralisch geschautes Weltbild gegeben haben, schon gesättigt mit der hellwachen Individualität der jungen Renaissance und darum uns leichter zugänglich, das tiefere mythische Bild der Zeit in ihrer furchtbaren und erhabenen Größe und herben Wahrhaftigkeit hat Hildegard gegeben.

Alois Dempf

1. BUCH

DIE ERSTE VISION: VON DER GEISTLICHEN EINSICHT.

Ich sah einen großen, eisenfarbenen Berg: auf ihm saß ein Menschenbild von solchem Glanze, daß seine Helligkeit mein Auge blendete. Von seinen beiden Seiten erhob sich ein sanfter Schatten, der sich wie ein wundersamer breiter und langer Flügel ausdehnte. Am Fuße dieses Berges stand vor dem Manne eine Gestalt, die überall voller Augen war; wegen der Menge der Augen konnte ich nicht unterscheiden, ob sie eine menschliche Gestalt war. Vor dieser stand eine andere Gestalt in knabenhaftem Alter mit mattfarbenem Gewand und weißen Schuhen. Über deren Haupt stieg von dem Manne, der auf jenem Berge saß, eine solche Helle hernieder, daß ich sein Antlitz nicht sehen konnte. Von demselben, der auf dem Berge saß, gingen viele lebendige Funken aus, welche beide Gestalten mit großer Anmut umflogen. In dem Berge selbst sah man zahlreiche Fenster, in denen bleiche und weiße Menschenköpfe erschienen. Der Mann auf dem Berge rief mit gewaltiger und durchdringender Stimme:

»O du gebrechlicher Mensch, Staub vom Erdenstaube, Asche von der Asche, rufe und verkünde vom Eintritt der makellosen Erlösung, damit jene unterwiesen werden, die das Mark der Schriften sehen, sie aber doch nicht verkündigen und predigen wollen, weil sie lau und stumpf sind im Kampf um Gottes Gerechtigkeit! Öffne ihnen das Siegel der Geheimnisse, das sie auf verborgenem Acker furchtsam und fruchtlos vergraben! Breite dich wie ein übervoller Quell aus und ströme so in mystischer Lehre aus, daß jene von deiner Ausgießung und Bewässerung erschüttert werden, welche dich wegen Evas Fall verächtlich halten wollen! Denn du nimmst die Erhabenheit dieser Lehre nicht von einem Menschen an, sondern vom höchsten und furchtgebietenden Richter aus der Höhe, wo in hellstem Lichte auch ein Licht unter den Leuchtenden stark erstrahlt. Erhebe dich also, rufe und verkünde, was dir in der allerstärksten Kraft göttlicher Hilfe geoffenbart wird! Denn der, welcher allen seinen Geschöpfen machtvoll und gütig gebietet, durchgießt die, die ihn fürchten und ihm in anmutiger Liebe im Geiste der Demut dienen, mit der Klarheit übernatürlicher Erleuchtung und führt die auf dem Wege der Gerechtigkeit Ausharrenden zu den Freuden der ewigen Schau.

2. Der große eisenfarbene Berg versinnbildlicht die Kraft und Stetigkeit des ewigen Gottesreiches, das durch keinen Ansturm der Veränderlichkeit ein Ende finden kann. Der Mann, der auf dem Berge sitzt, blendet dein Auge mit seinem Glanze und zeigt den im Reiche der Seligen, der im Glanze einer sich gleichbleibenden Heiterkeit dem ganzen Erdkreise mit seiner höchsten Gottheit gebietet und menschlichem Geiste unfaßbar ist. Von seinen beiden Seiten breitet sich ein

Flügel von wunderbarer Breite und Länge aus. Sie zeigen in Ermahnung und in Züchtigung milden und linden Schutz recht und fromm, die unaussprechliche Gerechtigkeit, Beharrlichkeit und Billigkeit.

3. Vor ihm steht am Fuße des Berges eine Gestalt, die allüberall voller Augen ist, weil sie vor Gott in Demut in das Gottesreich Einblick hat, und aus Furcht vor ihm mit Genauigkeit und gerechtem Eifer und Ausdauer auf die Menschen wirkt, so daß man vor Augen keine menschliche Gestalt unterscheiden kann. Sie vergißt nie die Gerechtigkeit Gottes, weil menschliches Forschen in seiner Schwäche ihre Wachsamkeit nicht erschüttert.

4. Vor dieser Gestalt zeigt sich eine andere, knabenhafte, bekleidet mit mattfarbenem Gewande und weißen Schuhen, weil unter Vorantritt der Furcht des Herrn die Armen im Geiste folgen. Die Furcht Gottes hält nämlich in hingebender Demut die Glückseligkeit der Armut im Geiste kraftvoll fest, welche weder nach Rühmen noch Selbstüberhebung gelüstet, sondern Einfalt und Nüchternheit liebt. Nicht sich, sondern Gott allein gibt sie die Ehre für ihre gerechten Werke und folgt den Spuren des Gottessohnes getreulich nach. Auf ihr Haupt steigt eine solche Klarheit von dem auf dem Berge hernieder, daß du auch ihr Angesicht nicht schauen kannst, denn die Heiterkeit der Heimsuchung dessen, welcher jedem Geschöpf preiswürdig gebietet, gießt ihr ein solches Maß von Macht und Stärke ein, daß ein schwacher Sterblicher sie nicht zu fassen vermag. Er, der allen himmlischen Reichtum in sich trägt, unterwirft sich in Demut der Armut.

5. Von dem Manne auf jenem Berge gehen viele lebendige Funken aus, welche diese Gestalten mit

großer Anmut umfliegen, weil von dem allmächtigen Gotte verschiedene und unermeßlich große Tugenden, in göttlichem Glänze erstrahlend, kommen und die Gott wahrhaft Fürchtenden und die getreuen Liebhaber der geistigen Armut mit ihrer Hilfe und ihrem Schutze überall umgeben.

6. Auch sind an jenem Berge zahllose Fenster sichtbar, in denen bleiche Menschenantlitze erscheinen, weil vor der höchsten Höhe der Erkenntnis Gottes die Menschenwerke weder verheimlicht noch verborgen werden können. Bald schlafen Menschen in Schande ermüdet in ihren Herzen und Taten, bald wachen sie in Ehren wieder auf. So spricht auch Salomon in meinem Sinn: »Die faule Hand ward arm, die der Starken aber schaffte sich Reichtum.«

7. Dies läßt erkennen, daß jener sich selbst arm und schwach machte, der die gerechten Werke zu tun verschmähte, das Ungerechte nicht zerstörte, die Schuld nicht nachließ und arm an den wunderbaren Werken der Seligkeit verblieb. Wer aber mit Kraft starke Heilswerke ausführt, den Weg der Wahrheit läuft, die Quelle der Herrlichkeit ergreift, bereitet sich überaus kostbare Schätze auf Erden und im Himmel. Wer also Weisheit im hl. Geiste und Flügel im Glauben hat, der möge meine Ermahnung nicht überhören, sondern nehme sie willig mit dem Geschmacke seiner Seele auf.

DIE ZWEITE VISION: VOM FALL DER ENGEL UND MENSCHEN

Dann sah ich eine zahllose Menge lebendiger Leuchten von hellstem Feuerglanze; auch einen ausgedehnten und tiefen See, aus dem feuriger, scheußlich riechender Rauch aufstieg, der ekelhaften Nebel aushauchte. An einer helleren Stelle kam eine weiße Wolke näher, die, von schöner Menschengestalt, sehr viele Sterne enthielt und diese und jene menschliche Figur von sich abwarf. Darauf umgab lichtester Glanz diese ganze Gegend und alle Dinge der Welt, welche vorher in Ruhe verharrten, wurden unruhig und zeigten Schrecken. Wiederum hörte ich jenen, der schon vorher zu mir gesprochen, sagen: »Die getreu Gott anhangen und in lobwürdiger Liebe brennen, werden weder durch irgendeinen Ansturm der Ungerechtigkeit erschreckt, noch getrennt von der Herrlichkeit übernatürlicher Freude; es werden aber nach gerechter Prüfung verworfen alle diejenigen, welche Gott nur heuchlerisch dienen und auf dem Wege nicht hinansteigen können, ihnen wird auch noch genommen werden von dem, was sie zu besitzen vermeinen.

2. Die überaus große Menge der lebendigen Lichter bedeutet dies: Die unzählbaren Scharen der himmlischen Geister erglühen in seligem Leben und erscheinen in großer Pracht, weil sie, von Gott erschaffen, sich nicht stolz erhoben, sondern in der göttlichen Liebe standhaft verblieben. Sie empfingen feurigen Glanz und heiterste Helle. Da aber Luzifer und sein Gefolge versuchte, sich gegen den höchsten Schöpfer zu empören, umkleideten sie sich mit der Wachsamkeit der göttlichen Liebe, jene aber wurden mit blinder Unwissenheit geschlagen. Durch den Fall des Teufels wurde jenen englischen Geistern, die vor Gott in Gradheit ausharrten, höchstes Lob zuteil, da sie in Erleuchtung klar erkannten, daß Gott immer unveränderlich in seiner Macht verbleibt und von keinem siegreich bekämpft werden kann.

3. Luzifer aber ging ob seines Stolzes der himmlischen Herrlichkeit verlustig, er, der am Anfang der Schöpfung keinen Mangel an Schönheit und Kraft verspürte. Da er aber seine Schönheit erkannte und die Kraft seiner Stärke in sich betrachtete, kam der Hochmut über ihn, der ihm versprach, zu beginnen, was ihm in den Sinn kam, da er ja vollenden könnte, was er begonnen. Da schleuderte ihn der Zorn Gottes in feuriges Dunkel mit seiner ganzen Schar hinab, so daß sie dunkel statt der Helle, verwirrt statt der Heiterkeit wurden.

6. Der große und tiefe See, welchen du siehst, ist die Hölle und enthält in sich die ganze Fülle der Laster und die Abgrundtiefe der Verderbtheiten. Er gleicht einer Zisternenöffnung und schleudert feuerflam-

menden Rauch mit großem Gestank heraus. In diesen taucht er die Seelen unter und erfüllt sie täuschend mit großer Freude, während er sie zu den Qualen führt, dorthin, wo das Feuer mit scheußlichem Rauch qualmt und mörderischer Gestank aufwallt. Diese grausigen Qualen sind dem Teufel und seiner Gefolgschaft bereitet.

7. Bei dem Fall des Teufels ward diese äußerste Finsternis, welche jegliche Art von Strafe in sich birgt. Die boshaften Geister tauschten hier das Elend vielerlei Strafen gegen die ihnen bestimmte Herrlichkeit ein und wurden, anstatt der Klarheit, die sie besassen, in dichteste Finsternis gehüllt. Da der stolze Engel sich wie eine Schlange erhob, erhielt er ewige Gefangenschaft, weil er die göttliche Bevorzugung nicht ertragen konnte. Wie aber in einer Brust nicht zwei Herzen schlagen können, so kann es auch im Himmel nur einen Gott geben.

8. Der See strömt häßlichen Nebel aus, so weit man sehen kann. Der teuflische Betrug bringt die giftige Schlange hervor, welche das Gift trügerischer Absicht in sich trägt und den Menschen heimlich befällt. Als nämlich der Teufel den Menschen im Paradiese sah, rief er mit großer Entrüstung aus: »Der soll mir in der wahren Glückseligkeit folgen!« Er wandte sich listig an Adam und Eva, die er in kindlicher Unschuld im Wonnegarten gesehen hatte, um sie durch die Schlange zu täuschen. Weshalb? Er hielt die Schlange für ihm ähnlicher als irgendein anderes Lebewesen, und wollte er mit List im geheimen erreichen, was ihm offen nicht gelang.

9. Als er daher Adam und Eva mit Leib und Seele sich vom verbotenen Baume abwenden sah, dachte er

bei sich, daß es ein göttliches Verbot für sie sei, und er sie am leichtesten vertreiben könnte, wenn sie die erste Tat begingen. Er wußte nämlich nicht, daß jener Baum verboten sei, wenn er es nicht durch seine trugvolle Frage und ihre Antwort erfahren hätte. Deshalb blies er in dieser klaren Gegend (welche aus einer schönen Menschengestalt, die sehr viele Sterne in sich barg, hervorgegangen war) eine weißschimmernde Wolke durch scheußlichen Nebel heran, weil an diesem lieblichen Ort der Teufel in Eva, die eine unschuldige Seele hatte, durch Verführung der Schlange zur Vertreibung dieser eindrang. (Eva hatte vom unschuldigen Adam die ganze Menge des menschlichen Geschlechts, die in Gottes Vorherbestimmung leuchtete, an ihrem Körper getragen.) Weshalb? Weil er wußte, daß weibliche Weichheit leichter zu besiegen sei als männlicher Starkmut, und er auch sah, daß Adam zu Eva so sehr in Liebe brannte, daß, hätte er nur Eva besiegt, Adam das ausführen würde, was Eva ihm sagte. Deshalb vertrieb auch der Teufel jene und die Menschengestalt aus jener Gegend. Der alte Verführer verbannte durch Täuschung Eva und Adam von ihrem seligen Wohnsitz und stieß sie hinab in die Finsternis. Zuerst verführte er Eva, damit sie Adam schmeichelte, ihr beizupflichten. Sie konnte schneller als irgendein anderes Geschöpf Adam zum Ungehorsam verleiten, da sie selbst aus seiner Rippe gebildet worden war. Deshalb stößt das Weib den Mann schneller hinab, weil sie ihn nicht abschreckt, sondern er ihre Worte willig aufnimmt.

DRITTE VISION: VOM WELTALL.

Darauf sah ich ein sehr großes, rundes, dunkles Gebilde, das einem Ei ähnelte, oben eingeschnürt, in der Mitte breit und nach unten zu eingeschnürt; an seiner Außenseite war ringsum ein helles Feuer, darunter eine schattige Haut. In jenem Feuer war eine rotglühende Feuerkugel von solcher Größe, daß das Ganze von ihr erhellt wurde. Darüber lagen 3 Fackeln, welche die Kugel mit ihrem Licht zusammenhielten, damit sie nicht abstürzte. Die Kugel erhob sich eine Zeitlang, und sehr viel Licht strahlte ihr entgegen, so daß sie davon ihre Flammen länger werden ließ und sich dann nach unten bog. Dann kam ihr eine große Kälte entgegen, weswegen sie ihre Flammen schnell zurückzog. Aber von jenem das Gebilde umgebenden Feuer ging ein Hauch mit Wirbeln aus. Von der unter ihm liegenden Haut wallte ein anderer Hauch mit seinen Wirbeln, der sich hier und dort ausbreitete. In der Haut war auch ein dunkles, so schreckliches Feuer, daß ich es nicht zu betrachten vermochte. Es schlug auf die Haut mit großer Kraft und Lärm, Sturm und spitzen kleineren und größeren Steinen. Während der Lärm sich erhob, wurde das hell leuchtende Feuer, die Winde und Luft bewegt, so daß Blitze dem Lärm vorauseilten, denn das Feuer fühlte die erste Bewegung des Lärmes in sich. Unter dieser Haut befand sich reinster Äther, der keine Haut unter sich hatte, in dem ich auch eine weißleuchtende Kugel von beträchtlicher Größe sah. Über ihr waren zwei Fackeln deutlich erkennbar, die einen Kreis bildeten, damit die Kugel nicht das Maß ihres Laufes überschritte. Im Äther waren viele klare Lichtkreise überall gelagert, in welche die Kugel bisweilen sich ein wenig entleerend ihre Helligkeit entsandte, dann ihre Fülle wiederherstellte und wieder in sie entsandte. Aber von dem Äther selbst brach ein Hauch mit seinen Wirbeln hervor, welcher sich überall ausbreitete. Unter dem Äther sah ich wasserhaltige Luft, die eine Haut unter sich hatte, und sich hier und dort verbreitend dem ganzen Gebilde Feuchtigkeit mitteilte. Bisweilen sammelte sie sich plötzlich und schickte Regen aus. Daraus ging wieder ein Hauch mit seinen Wirbeln hervor und breitete sich überall aus. In der Mitte dieser Elemente war eine Sandkugel, die sehr groß war und welche die Elemente so umgaben, daß sie weder hierhin noch dorthin entgleiten konnte. Wenn sich aber bisweilen die Elemente mit den erwähnten Hauchen rieben, so brachten sie durch ihre Kraft die Kugel ein wenig in Bewegung. Zwischen Norden und Osten sah ich einen hohen Berg, der nach Norden viel Dunkel und nach Osten viel Licht hatte, so daß weder das Licht zur Finsternis noch diese zum Licht gelangen konnte. Ich hörte wiederum eine Stimme vom Himmel sagen: »Gott, der alles in seinem Willen gegründet hat, hat es zur Kenntnis der Ehre seines Namens geschaffen und zeigt darin nicht nur, was sichtbar und zeitlich ist, sondern offenbart in ihm auch, was unsichtbar und ewig ist.«

2. Das überaus große Gebilde, rund und dunkel, einem Ei ähnelnd, oben und unten zusammengeschnürt, in der Mitte breit, bedeutet trefflich den allmächtigen Gott, der unbegreiflich ist, in seiner Majestät und unschätzbar in seinen Geheimnissen.

3. Auf der äußeren Seite ringsum ein helles Licht, das eine dunkle Haut unter sich hat. Es bezeichnet, daß Gott jene, die außerhalb des wahren Glaubens stehen, überall durch das Feuer seiner Vergeltung brennt. Die aber im katholischen Glauben bleiben, reinigt er überall mit dem Feuer seiner Tröstung.

4. In jenem Feuer ist eine große rötlich leuchtende Feuerkugel, die Sonne, auf daß das ganze Gebilde von ihr erleuchtet wird. Ihr heller Glanz bedeutet, daß in Gott Vater sein unaussprechlicher Eingeborener ist, die Sonne der Gerechtigkeit, welche den Blitz glühender Liebe in sich trägt und von solcher Herrlichkeit ist, daß jedes Geschöpf von der Klarheit seines Lichtes erleuchtet wird. Darüber sind 3 Fackeln, 3 Planeten, welche die Kugel zusammenhalten, damit sie nicht wankt. Das bedeutet, daß die Dreifaltigkeit in ihrer Anordnung alles zusammenhält, und der Sohn Gottes, vom Himmel zur Erde hernieder gestiegen, und die Engel, die im Himmel sind, verließ, und den Menschen himmlische Dinge offenbarte. Diese verherrlichen ihn wegen der Wohltat seiner Helligkeit, werfen allen schädlichen Irrtum von sich, da er als wahrer Sohn Gottes, der aus der wahren Jungfrau Fleisch angenommen hat, verherrlicht ist, nachdem ihn der Engel

vorausgekündigt hat, und da ihn der Mensch, der aus Leib und Seele besteht, in gläubiger Freude aufgenommen hat.

5. Daher erhebt sich die Kugel zuweilen, und hellstes Feuer strahlt ihr entgegen, so daß sie davon ihre Flammen länger aussendet. Das bedeutet, daß, als jene Zeit kam, in der der Eingeborene Gottes zur Erlösung und Erhebung des menschlichen Geschlechts nach dem Willen des Vaters Mensch werden mußte, der heilige Geist in der Kraft des Vaters die höchsten Geheimnisse in der seligen Jungfrau wunderbar gewirkt hat, so daß die Jungfräulichkeit herrlich wurde, da sie dem Sohne Gottes in jungfräulicher Schamhaftigkeit durch fruchtbare Jungfrauschaft wunderbaren Glanz verlieh. Denn in der edelsten Jungfrau ist die ersehnteste Menschwerdung gezeigt.

6. Sich etwas abwärts biegend, kommt ihr große Kühle entgegen, weshalb sie ihre Flammen schnell einzieht. Das bedeutet, daß der Eingeborene Gottes aus der Jungfrau geboren, sich so zur Armut des Menschen barmherzig neigte, in vielen Mühsalen, die ihm begegneten, viel körperliche Bedrängung ausstand, als er sich im Körper der Welt gezeigt hatte, über die Welt ging und zum Vater zurückkehrte, und im Beisein seiner Jünger, wie geschrieben steht: »sahen sie ihn erhoben, und eine Wolke verbarg ihn wieder ihren Augen.«

7. Das bedeutet: den Söhnen der Kirche, die mit innerer Kenntnis ihres Herzens den Sohn Gottes sehen, ist die Heiligkeit seines Körpers in der Macht seiner Gottheit emporgehoben worden.

8. Der Hauch mit seinem Winde, der aus jenem Feuer, das das ganze Gebilde umgibt, ausgeht, bedeutet, daß aus dem allmächtigen Gott, der die ganze Welt

mit seiner Macht erfüllt, die wahre Aussaat gerechter Rede ausgeht, als der lebendige und wahre Gott dem Menschen in der Wahrheit gezeigt wurde.

9. Und aus der Haut, welche darunter ist, wallt ein anderer Hauch mit seinen Wirbeln auf: weil auch aus der teuflischen Wut, welche sich nicht fürchtet, Gott nicht kennen zu wollen, übelste Rede mit ruchlosestem Geschwätz ausgeht.

10. In derselben Haut ist ein dunkles, so schreckliches Feuer, daß du es nicht anschauen kannst. Das bedeutet, daß in schlechtester und niedrigster Hinterhältigkeit des alten Verräters häßlichster Mord mit solcher Glut ausbricht, daß seine Raserei der menschliche Geist nicht zu unterscheiden vermag. Er erschüttert die ganze Haut mit seiner Kraft: denn der Mord umfängt alle teuflischen Bosheiten mit seinem Schrecken. Jenes Feuer war voller Lärm, Sturm und spitzer kleinerer und größerer Steine; weil der Mord voll Geiz und Trunkenheit und wildester Missetaten ist, welche ohne Barmherzigkeit rasen, in großen Mordtaten wie in kleineren Fehltritten. Das leuchtende Feuer erhebt seinen Lärm, Winde und Luft bewegen sich. Denn, während der Mord in der Begierde, Blut zu vergießen, schreit, erhebt sich das himmlische Gericht, schnelle Donner zum Verderben des Mörders als Rache des gerechten Ratschlusses.

11. Aber unter jener Haut ist reinster Äther, der keine weitere Haut unter sich hat, da unter dem Hinterhalt des alten Verräters hellstrahlende Treue leuchtet, welche nicht aus sich selbst gegründet ward, sondern in Christus ihre Stütze hat. Darin siehst du auch eine sehr große weißglühende Kugel, den Mond, die wahrhaft bedeutet die vereinigte Kirche, die im Glauben den

Glanz unschuldiger Klarheit und viel Ehre kündet. Darüber lagern sich zwei Fackeln und halten die Kugel, damit sie nicht den Lauf ihrer Bahn überschreitet. So wird dargetan, daß die Kirche, vom Himmel ausgehend, zwei Testamente, nämlich der alte und neue Bund, zu den göttlichen Geboten der himmlischen Geheimnisse hinziehen, damit sie nicht in die Verschiedenheit der Sitten sich eilends verliere.

12. Daher sind auch in diesem Äther viele helle Lichtkreise, die Sterne, überall gelagert, in welche die Kugel bisweilen sich ein wenig entleerend ihre Klarheit sendet, da ja in der Reinheit des Glaubens sehr viele und leuchtende Werke der Frömmigkeit überall erscheinen. Aber unter die genannte rotglühende Kugel zurückeilend und an ihr ihre Flammen wieder herstellend, hauchte sie wiederum jene in die Sterne: denn sie eilt in Zerknirschung unter den Schutz des Eingeborenen Gottes und empfängt von ihm die Geduld göttlichen Wandels und erklärt die Liebe der Himmelsbewohner in beseligenden Werken.

13. Daher bricht aus dem Äther ein Hauch und seine Wirbel hervor, der sich überall ausdehnt, da von der Einheit des Glaubens der stärkste Ruf mit wahren und vollkommenen Lehren zur Hilfe der Menschen ausströmt und die Enden des ganzen Kreises mit großer Schnelligkeit erreicht.

14. Unter diesem Äther sah ich wässerige Luft, eine Wolke, die eine weiße Haut unter sich hatte; diese verbreitete sich hierhin und dorthin und verlieh jedem Ding Feuchtigkeit. Denn unter dem Glauben, der sowohl bei den alten wie bei den neuen Vätern bestand, brachte die Taufe, sich überall verbreitend, durch göttliche Eingebung dem gesamten Erdkreis die

Bewässerung des Himmels in den Gläubigen. Während sie sich bisweilen plötzlich sammelt, gießt sie Regen mit vieler Kälte aus; und während sie sich sanft verbreitet, gibt sie weißen Regen mit leichter Bewegung. Denn während die Taufe manchmal durch die Verkündiger der Wahrheit in der Schnelligkeit der Predigt und in der Tiefe ihres Geistes vermehrt wird, wurde sie durch die schnelle Menge der Worte in der Überschwemmung ihrer Predigt den erstaunten Menschen geoffenbart.

15. Daher geht aus ihm ein gewisser Hauch mit Wirbelwind hervor, ergießt sich über dieses Werkzeug überall hin, da von der Überschwemmung der Taufe, die den Gläubigen das Heil bringt, ein wahrhaftiger Ruf mit Worten sehr starker Predigten in alle Welt ausgeht und sie mit der Offenbarung ihrer Seligkeit durchdringt. Dies wird bereits klar dargelegt bei den Völkern, die den Unglauben verlassen und den katholischen Glauben anstreben.

16. Und mitten in diesen Elementen ist ein Ball von sehr bedeutender Größe, den die Elemente so umgeben, daß er weder hierhin noch dorthin entgleiten kann. Dieser stellt offenbar dar, daß in der Stärke der Geschöpfe Gottes der Mensch vieler Betrachtung bedarf, der aus dem Lehm der Erde mit großer Herrlichkeit erschaffen wurde und mit der Kraft der Geschöpfe so umgeben wurde, daß er von ihnen keineswegs getrennt werden kann, denn die Elemente der Welt sind zum Dienste des Menschen geschaffen und leisten ihm Dienstbarkeit; der Mensch sitzt gleichsam in ihrer Mitte und befiehlt ihnen auf göttliche Anordnung.

17. Du, o Gott, der du alles wunderbar erschaffen hast, hast den Menschen mit der goldenen und pur-

purnen Krone des Verstandes und dem würdigsten Kleid einer sichtbaren Art gekrönt.

18. Aber du siehst, wie bisweilen die Elemente mit jenen Hauchen sich aneinander stoßen, so tragen sie jenen Ball mit ihrer Stärke, daß er ein wenig bewegt wird. So gehen die Geschöpfe Gottes zu geeigneter Zeit auf den Ruf der Wunder ihres Schöpfers erschüttert einher, so daß das Wunder begleitet wird von dem Wunder des großen Donners der Worte, und der Mensch durch die Größe jener Wunder eine Erschütterung seines Geistes und seines Körpers verspürt und die Schwäche seiner Gebrechlichkeit fühlt.

19. Und du siehst zwischen dem Westen und dem Osten gleichsam einen großen Berg, der nach dem Westen große Finsternis und nach dem Osten großes Licht hat. Denn zwischen der teuflischen Tücke und der göttlichen Güte erscheint der große Fall des Menschen durch die verhängnisvolle Täuschung des Bösen, der bei den Verworfenen viel Elend der Verdammnis und durch das erstrebenswerte Heil bei den Auserwählten sehr viel Glut der Erlösung birgt, so jedoch, daß weder jenes Licht an die Finsternis, noch jene Finsternis an das Licht heranreichen kann, denn die Werke des Lichts mischen sich nicht mit den Werken der Finsternis, und die Werke der Finsternis steigen nicht zu den Werken des Lichts empor, obwohl der Teufel sich anstrengt, sie häufig durch schlechte Menschen zu verdunkeln.

20. Durch das Licht dieser Leuchten wird den Menschen gedient und durch ihren Umkreis die Zeit der Zeiten bestimmt. Daher werden auch in den letzten Zeiten jämmerliche und gefährliche Zeiten durch meine Zulassung in ihnen offenbart, so zwar, daß der Sonne

der Strahl, dem Mond der Schein und den Sternen die Helligkeit bisweilen entzogen wird, damit die Herzen der Menschen dadurch erschüttert werden; so wurde auch durch den Stern nach meinem Willen die Menschheit meines Sohnes angezeigt. Der Mensch hat aber keinen eigenen Stern, der das Leben leitet, wie das törichte und irrende Volk zu behaupten versucht, sondern alle Sterne stehen gemeinsam im Dienst aller Völker. Aber ein Stern leuchtet heller als die übrigen Sterne, das bedeutet, daß mein Eingeborener vor den übrigen Menschen durch die jungfräuliche Geburt ohne Sünde geboren wurde. Alle Sterne und Geschöpfe fürchten mich und führen nur meine Befehle aus; sie bedeuten nichts bei irgendeinem Menschen vor.

DIE VIERTE VISION: VON SEELE UND LEIB.

Und dann sah ich einen unbeschreiblich heiteren Glanz, der wie in zahllosen Augen aufflammte. Gegen die vier Seiten der Welt hatte er Ecken. Er versinnbildete das Geheimnis des himmlischen Schöpfers und wurde mir geoffenbart im tiefsten Mysterium. In diesem Glänze erschien noch ein anderer, der der Morgenröte gleich die Helle eines Purpurblitzes in sich barg. Dann sah ich auf der Erde Menschen Milch in Tongefäßen tragen und zu Käse verarbeiten. Teils war die Milch dick, und aus ihr wurde starker Käse hergestellt. Ein anderer Teil war dünn, woraus magerer Käse gerann. Anderer Käse, der mit Feuchtigkeit vermischt war, gerann zu bitterem Käse. Ich sah auch eine Frau, die eine vollkommene Menschengestalt in ihrem Leibe trug. Siehe da, durch eine geheime Anordnung des himmlischen Schöpfers erhielt diese Gestalt lebensvolle Bewegung, und eine feurige Kugel, ohne die Umrisse eines menschlichen Körpers, ergriff Besitz vom Herzen dieser Gestalt und berührte ihr Gehirn und ergoß sich in alle ihre Glieder. Und dann ging die so belebte Menschengestalt aus dem Leibe der Frau heraus, so wie die Kugel sich in jenem Menschenkörper bewegte, und änderte auch ihre Farbe.

2. Und ich sah, daß viele Wirbelstürme auf die Kugel im menschlichen Körper hereinbrachen und sie bis zur Erde niederdrückten, doch sie gewann ihre Kräfte wieder und richtete sich mannhaft auf. Sie leistete kräftigen Widerstand und klagte seufzend: »Wo bin ich Fremdling? Im Schatten des Todes! Auf welchem Wege gehe ich? Den Weg des Irrtums. Und welchen Trost habe ich? Den, welche fremde Pilger haben. Ich sollte ein Wohngezelt aus Quadersteinen haben, das von der Sonne und leuchtenden Sternen geschmückt ist. Die untergehende Sonne und die Sterne sollten in ihm nicht leuchten, denn in ihm sollte Engelsglanz sein; das Fundament müßte aus Topas und das ganze Gebäude aus Edelsteinen sein. Seine Treppen sollten kristallen und seine Hallen aus Gold sein. Eigentlich müßte ich eine Genossin der Engel sein, weil ich der lebendige Hauch bin, den Gott dem trockenen Schlamme einblies. Daher müßte ich Gott erkennen und fühlen. Aber weh! Da mein Gebäude sah, daß es mit seinen Augen auf alle Wege sehen konnte, setzte es seinen Schmuck nach Norden. Weh, weh! Wo bin ich gefangen! Ich bin meiner Augen beraubt und ohne Freude des Wissens, mein ganzes Gewand ist zerrissen, und so meines Erbteils entsetzt, bin ich an einen fremden Ort geführt, der aller Schönheit und Zier ermangelt, und wo ich schlimmster Knechtschaft unterworfen bin. Und die, welche mich gefangen nahmen und mit Backenstreichen schlugen, mich mit den Schweinen essen ließen und an einen einsamen Ort

schickten, reichten mir sehr herbe, in Honig getauchte Kräuter zur Speise. Schließlich peinigten sie mich noch mit den Qualen der Kelter, zogen mich aus und fügten mir neue Leiden zu, jagten mich umher, wo scheußliche Giftschlangen, Skorpione und Nattern mich gefangen nahmen und mich mit ihrem Gift bespieen, so daß ich entnervt und geschwächt ward. Sie verlachten und verspotteten mich deswegen! »Wo ist nun deine Ehre?« Da schauerte es mich, und ich sprach in tiefer Trauer zu mir: »Wo bin ich? Woher bin ich an diesen Ort gelangt? Welchen Tröster suche ich in dieser Gefangenschaft? Wie kann ich diese Kette zerreißen? Welches Auge kann meine Wunden schauen? Kann eine Nase diesen Gestank ertragen? Welche Hand salbt mich mit Öl? Wer läßt meinem Schmerze Barmherzigkeit widerfahren? Der Himmel möge mein Rufen erhören, die Erde ob meiner Trauer erzittern und alles Lebendige sich barmherzig meiner Gefangenschaft zuwenden. Es bedrängen mich bitterste Schmerzen, da ich ohne Trost und Hilfe eine Fremde bin. O, wer wird mich trösten, da sogar meine Mutter mich verließ, weil ich vom Heilswege abirrte. Kann mir einer helfen außer Gott? Wenn ich aber an dich denke, o Mutter Sion, in der ich wohnen sollte, dann schaue ich die bitterste Knechtschaft, der ich mich unterworfen habe. Und wenn ich mich an die vielfältige Musik erinnere, welche in dir ertönt, dann spüre ich meine Wunden. Wenn ich aber vollends mir ins Gedächtnis rufe deine glorreichen Freuden, dann überkommt mich Ekel ob des Giftes, mit dem ich mich verwundete. Wohin soll ich mich wenden? Wohin fliehen? Mein Schmerz ist ja unermeßlich, denn beim Verbleiben in diesen Übeln werde ich Genossin jener, mit denen ich in Babylon schmählich mich einließ. Wo bist du, Mutter Sion? Weh mir, daß ich Unglückliche mich von dir entfernte! Kennte ich dich nicht, so wäre mein Schmerz nicht so tief! Jetzt aber will ich die schlechte Gesellschaft fliehen, da das unglückselige Babylon mich auf die bleierne Wage warf und mit gewaltigen Balken mich bedrängt, daß ich kaum atmen kann. Während ich nun meine Tränen, o Mutter Sion, mit Wehklagen dir darbringe, läßt das Unglück bringende Babylon seine Wasser so zusammenschlagen, daß du meine Stimme nicht hören kannst. So will ich also mit größtem Eifer die engen Wege suchen, auf denen ich meinen schlimmen Genossinnen und meiner unglückseligen Gefangenschaft entrinnen kann,« Während ich dies sprach, entkam ich auf schmalem Pfade, wo ich mich in einer kleinen Höhle, die nach Norden lag, bitter weinend verbarg. Ich überdachte hier meinen ganzen Schmerz, meine Mutter verloren zu haben, und alle meine anderen Wunden. So heftig weinte ich, daß aller Schmerz und die Striemen meiner Wunden von ihnen überströmt und naß wurden. Und siehe da, süßester Duft wurde mir wie linde Luft von meiner Mutter entgegengesandt und erfüllte meine Nase. Welche Seufzer und wie viele Tränen weinte ich jetzt, als ich geringen Trost mir nahe fühlte? Und solche Freudenrufe stieß ich unter vielen Tränen aus, daß selbst der Berg, in dessen Höhle ich mich verborgen hatte, davon erschüttert wurde. Und ich rief: »Mutter, Mutter Sion! Was wird aus mir werden? Wo ist jetzt deine edle Tochter? Wie lange, wie lange war mir fern deine mütterliche Süße, die mich in Wonnen liebkosend nährte«? Weinend empfand ich dennoch solche Freude, als wenn ich meine Mutter sähe. Aber meine Feinde hörten mein

Schreien und sprachen: »Wo ist die, welche wir, wie es uns gefiel, bisher in unserer Gesellschaft hielten, und die uns zu Willen war? Seht, nun ruft sie die Himmlischen an! Wir wollen alles aufbieten, sie so sorgfältig und eifrig bewachen, daß sie uns nicht entfliehen kann. Wir unterwerfen sie uns mehr als bisher. Erreichen wir das, so wird sie uns williger folgen denn früher.« Ich aber verließ heimlich die Höhle, wo ich mich verborgen hatte, und wollte hinaussteigen, wo mich meine Feinde nicht finden könnten. Aber sie warfen mir ein so tobendes Meer entgegen, daß es mir unmöglich war, es zu überschreiten. Eine kleine und schmale Brücke gestattete mir dies auch nicht. Am Ende des Meeres erschien ein Gebirgszug von solcher Höhe, daß ich merkte, auch dort meinen Weg nicht einschlagen zu können. Da rief ich: »Was soll ich Unglückliche jetzt tun?« Ein Weilchen fühlte ich die Süßigkeit meiner Mutter, und ich glaubte, sie wollte mich zu sich zurückführen, aber, weh, wird sie mich jetzt wieder verlassen? Wohin soll ich mich wenden? Kehre ich in meine frühere Gefangenschaft zurück, so werde ich meinen Feinden jetzt mehr als früher als Spielball dienen, weil ich meiner Mutter mich getreulich zuwandte und ihre Süßigkeit ein Weilchen spürte und nun wieder von ihr getrennt bin. Durch die Süßigkeit, die ich zuvor von meiner Mutter herkommend verspürte, hatte ich noch so viele Kraft in mir, daß ich mich gen Osten wandte und wieder auf ganz engen Wegen zu gehen versuchte. Jene Pfade waren so voller Dornen und anderer Hindernisse, daß ich kaum darauf gehen konnte. Nur mit größter Mühe und in Schweiß gebadet, ging ich darüber hinweg, wurde aber so müde, daß mir der Atem auszugehen drohte. Endlich gelangte ich zur Bergesspitze, in dessen Höhle ich mich zuvor verborgen gehalten hatte. Ich wollte zum Tale herniedersteigen, aber Schlangen, Skorpione, Drachen und ähnliche Tiere stürzten sich mir zischend entgegen. Ich ward sehr erschreckt, heulte furchtbar und schrie: »Wo bist du, meine Mutter? Mein Schmerz wäre geringer, wenn ich die Süße deiner Heimsuchung nicht zuvor gefühlt hätte, jetzt aber kehre ich in die alte Gefangenschaft wieder zurück, in der ich so lange gelegen. Wo ist jetzt deine Hilfe?« Ich hörte meine Mutter also zu mir sprechen: »Eile, meine Tochter; Flügel sind dir vom mächtigsten Geber geschenkt worden, dem niemand widerstehen kann. Überfliege also geschwind alle Widerstände.« Ich ward getröstet und gestärkt, nahm die Flügel und überflog in Eile all das giftige und todbringende Gewürm.

3. Ich kam auf meinem Wege zu einer im Innern ganz aus hartem Stahl gefertigten Burg, ging hinein, tat Werke des Lichts, während ich mich früher der Finsternis hingab. In die innere Burg stellte ich nach Süden eine Säule von ungefeiltem Eisen, an der ich die Schwanzfedern verschiedener Vögel aufhing. Ich fand Brot und verspeiste es. Nach Osten aber errichtete ich eine Schutzmauer aus vier Steinen und zündete darauf ein Feuer an. Mit Myrrhe vermischten Wein trank ich. Gen Süden errichtete ich einen Turm aus viereckigen Steinen, an denen ich Schilder von roter Farbe aufhing, und an die Fenster Posaunen aus Ebenholz. Inmitten jenes Turmes aber goß ich Honig aus, aus dem ich kostbare, aromatische Salbe herstellte. Der Duft davon war so stark, daß er die ganze Burg erfüllte. Nach Westen stellte ich nichts, weil er der Welt zu gelegen ist. Während ich mühevoll an diesen Dingen arbeitete,

warfen meine Feinde ihre Köcher nach mir aus und schleuderten ihre Pfeile gegen die Burg. Ich war so eifrig beschäftigt, daß ich lange ihrer Wut nicht achtete, bis die Burgtüren voll von Pfeilen steckten. Keiner derselben verletzte die Türen, keiner konnte den Stahl durchdringen, und so blieb auch ich unversehrt. Als meine Feinde das sahen, sandten sie große Wassermengen, um mich und meine Burg zu zerstören; aber ihre Bosheit blieb ohne, Erfolg. Ich verlachte sie kühn, Der Meister, der diese Burg fertigte, ist weiser und stärker als ihr: »Legt daher eure Pfeile beiseite, denn euer Wille kann über mich keinen Sieg davon tragen. Mit großem Schmerz und Mühe habe ich viele Kriege wider euch geführt, da ihr mich dem Tode überliefern wolltet, es ist euch aber nicht gelungen; denn ich bin mit ganz starken Waffen gesichert, habe scharfe Schwerter gegen euch geschwungen und meine Verteidigung mit ihnen heftig geführt. Weichet also, weichet zurück! Ich gehöre euch nicht mehr an!«

4. Ich schwaches und ungelehrtes Wesen sah auch, wie viele Wirbelstürme die Seele auf eine andere Kugel schleudern wollten, es aber nicht vermochten, weil sie sich tapfer verteidigte und den Ort nicht ihrer Wut preisgab. Dennoch rief sie klagend: »Obgleich ich sehr klein bin, ist mir doch eine große Aufgabe zugefallen. O, was bin ich? Und welches ist meine Klage? Ich bin der lebendige Hauch im Menschen, in der Wohnstätte aus Mark, Adern, Knochen und Fleisch. Ich belebe sie, bewirke ihre Bewegungen überall hin. Aber weh! Die Sinnlichkeit bringt Schmutz und Zügellosigkeit und Pest der Sitten und alle Arten von Lastern hervor. Mit welchem Seufzen beklage ich dies! Während ich mein Leben in den Werken meines Gebäudes gedeihen sehe,

eilt teuflische Verführung mir entgegen, will mich stolz und aufgebläht machen! Ich will nach dem Gelüsten der Kräfte meines Bodens schaffen: In meinem Gebäude nämlich verstehe ich alle Werke, werde aber so von der Begierlichkeit behindert, daß ich meine Werke nicht unterscheiden kann, bis ich böse Wunden in mir fühle. Darauf klagte ich sehr: »O Gott, bist du nicht mein Schöpfer? Siehe, die niedrige Erde stürmt wider mich. Soll ich fliehen, wie? Da mein Gebäude fleischliche Begierde hat, habe ich Lust am Werke und vollende das Werk. Aber die Einsicht, welche gleich dem Wissen in mir wächst, zeigt mir, daß ich von Gott erschaffen wurde: in ihr auch fühle ich, daß Adam sich furchtsam verbarg, nachdem er das göttliche Gebot übertreten hatte. So verberge auch ich mich in Furcht vor Gottes Angesicht, weil ich die Werke in meinem Wohnhause Gott feindlich sehe. Ich verschmähe alle jene Werke, die von fleischlichen Begierden brennen, weil ich die bleierne Wage mit Sünden überlaste.

5. Weh mir Irrenden, wie kann ich in diesen Gefahren standhalten? Der Teufel will mich überreden: »Ist das ein Gut, das du nicht kennst, nicht siehst, noch ausführen kannst? Warum verlassest du aber, was du kennst, einsiehst und tun kannst?« Was soll ich nun tun? Schmerzvoll will ich antworten: »Wohl bin ich elend, weil mir von Adam schädliches Gift eingehaucht wurde, da er selbst das göttliche Gebot nicht achtete und auf die Erde hinausgeworfen, fleischliche Wohnstätten vereinigte. Durch den Geschmack, den er am Apfel bei seinem Ungehorsam hatte, teilte sich schädliche Süßigkeit dem Blut und Fleisch mit und bringt die Befleckung der Laster hervor. Daher fühle ich auch die Sünde in meinem Fleische, den reinsten Gott aber ver-

achte ich aus trunkener Schuld. Weil Adam bei seiner ersten Erscheinung rein und einfältig von Gott erschaffen war, fürchte ich Gott, weil auch ich rein und einfältig durch ihn erschaffen war. Aber durch die üble Gewohnheit der Laster bin ich in Unruhe versetzt worden. O, ich bin bei alledem fremd und irrend geworden! Daher erzeugen diese verschiedenen Wirbel viele Lügen in mir: »Wer bist du? Und was sagst du? Welche Kämpfe hast du zu bestehen? Du bist unglückselig, denn nicht weißt du, ob ein gutes oder schlechtes Werk dein eigen ist, wo du endlich einmal hingehst, und wer dir Bestand schenken wird. Welches sind die Irrtümer, welche mich dem Wahnsinn zuführen? Vollendest du, was dich erfreut, fliehst du, was dich beengt? Was willst du tun, da du dieses weißt und jenes verkennst? Was dich erfreut, ist dir verwehrt zu tun, was dich beengt, heißt dich Gottes Gebot zu tun. Woher weißt du, ob es sich so verhält? Es wäre dir besser, nicht geboren zu sein!« Und nachdem sich diese Wirbel in mir erhoben hatten, beginne ich einen andern Weg zu wandeln: ich beginne die Gerechtigkeit zu tun, welche meinem Fleische schwer fällt. Aber wiederum beginnen meine Zweifel, ob dies aus dem Geschenk des heiligen Geistes sei oder nicht, und ich spreche bei mir: »Es ist unnütz.« Und dann will ich über die Wolken fliegen, will über meinen Geist hinaus und beginnen, was mir unmöglich ist. Während ich aber dies versuche, verschaffe ich mir tiefste Traurigkeit, weil ich weder in heiliger Höhe noch auf der Ebene des guten Willens irgendein Werk vollende, sondern unruhigen Zweifel, ja Verzweiflung, Kummer und Bestürmung aller Art in mir fühle. Während mich teuflische Überredung so beunruhigt, befällt mich tiefes Unglück. Weil alle Übel, die im Tadel, Verfluchung, im Tod, von Körper und Seele, in schmählichen Worten gegen die Reinheit, das Heil und die Erhabenheit, die in Gott sind, sich mir Unglücklichen entgegenstellen. Diese Unruhe will mir einreden, daß alles Glück und Gut, das sich im Menschen wie bei Gott findet, mir sehr beschwerlich sein wird, mir mehr den Tod als das Leben vorstellend. Weh, weh, ein unglücklicher Kampf, der mich von Mühsal zu Mühsal treibt, von Schmerz zu noch größerem, von Trennung zu Trennung, und mir jedes Glück nimmt!

6. Woher kommt das Übel dieses Irrens? Die alte Schlange hatte List und Verschlagenheit und das tödliche Gift der Sünde. In ihrer List flößt sie mir Trotz vor den Sünden ein und entfernt meinen Geist von der Furcht Gottes. So fürchte ich mich nicht, zu sündigen und spreche: »Wer ist Gott?« Ich weiß es nicht. In ihrer täuschenden Schlauheit verstopft sie mich vollends. Durch das mörderische Gift der Sünde raubt sie mir alle geistliche Freude; denn ich kann mich weder im Menschen noch in Gott freuen. Sie erfüllt mich mit vollkommener Verzweiflung, ob ich gerettet werden kann oder nicht. Weh, welches sind diese Wohnhäuser, welche Gefahren durch teuflische Irreführung aushalten müssen! Erinnere ich mich aber durch Gottes Geschenk, daß ich von ihm erschaffen ward, dann antworte ich bei solchem Ansturm den Verführungen des Teufels: »Ich weiche nicht schwächlich der Erde, sondern führe kraftvolle Kriege. Will meine Wohnstätte die Werke der Ungerechtigkeit vollbringen, so zwinge ich mein Mark, Blut und Fleisch, in weiser Geduld sich zu verteidigen, wie der tapfere Löwe sich verteidigt und die Schlange sich in ihrer Höhle, den Todeswurf

fliehend, verbarg. Ich darf weder die Pfeile des Teufels in mich aufnehmen, noch dem Willen des Fleisches nachkommen.

7. Will Zorn um mein Gebäude zielen, so schau ich auf Gottes Güte, der immer frei ist von Zorn und die trockene Erde mit Sanftmut benetzt, so werde auch ich gelassener und genieße die geistliche Freude. Die Tugenden in mir zeigen dann erst ihre Kraft. So fühle ich die göttliche Güte. Will aber Haß mich verdunkeln, so blicke ich zum Erbarmen und Martyrium des Sohnes Gottes und zügle mein Fleisch. Dabei erinnere ich mich getreulich, daß der süße Rosenduft von den Dornen ausgeht und erkenne meine Erlösung. Aber den Stolz gelüstet es, den Turm seiner Eitelkeit, welcher ohne Fundament ist, in mir in große Höhe zu bauen, welcher nichts neben sich duldet, sondern immer höher als alles Übrige scheinen will, dann spreche ich trauernd: »Wo ist mein König und Gott? Kann ich etwas Gutes tun ohne Gott? Nichts!« und so blicke ich wieder zu Gott, der mir das Leben schenkte, und eile zu jener glückseligsten Jungfrau, welche den Hochmut der alten Schlange zertrat. Ich erkenne das süßeste Gut, die Demut in der Höhe Gottes und die Demut der holdesten Jungfrau in der Erinnerung aller und fühle die Süßigkeit des nie versiegenden Balsams. Ich freue mich in Gott und weise auch alle übrigen Fehler gegen die Demut starkmütig zurück.

8. Ich armes Wesen sah darauf, daß eine andere Kugel sich zurückzog, ihre Knoten löste und sich von ihnen mit Stöhnen loswand und ihren Sitz trauernd zerstörte und sagte: »Ich will aus meinem Gezelte gehen. Aber wohin soll ich Kummergestalt mich wenden? Auf grauenvollen Pfaden zur Richtstätte, wo ich gerichtet

werde.« Die Werke, welche ich nämlich in meinem Hause tat, werde ich vorzeigen und dort die Vergeltung nach meinen Verdiensten empfangen. O Furcht! Welche Angst wird sich meiner bemächtigen?« Als sie derartig nachsann, kamen leuchtende und schattenhafte Geister, welche Genossen ihres Aufenthaltsortes gemäß ihrem Glauben gewesen waren. Sie machten diese Erklärung: »Nachdem sie sich gelöst hätte, würden sie sie mit sich fortführen.« Ich hörte eine lebendige Stimme ihnen sagen: »Gemäß ihren Werken wird sie von Ort zu Ort geführt.« Wiederum hörte ich vom Himmel eine Stimme zu mir sprechen: »Die selige und unaussprechliche Dreifaltigkeit hat sich der Welt geoffenbart, als der Vater den durch den hl. Geist empfangenen und von der Jungfrau geborenen Sohn in die Welt sandte, solange die Menschen vielartig geboren und durch viele Sünden gezwungen zu ihm auf den Weg der Wahrheit zurückgeführt werden; von den Fesseln der körperlichen Last befreit, tragen sie Güte und heilige Werke in sich und werden die Freuden der himmlischen Erbschaft erlangen.«

9. Damit du, o Mensch, dies tiefer erfassest und klarer unterscheiden könntest, siehst du einen außerordentlich großen Glanz wie in zahllosen Augen aufstrahlen, der vier Ecken nach den vier Weltseiten hin hat. Das bedeutet die große und reine Weisheit Gottes in den Mysterien und Offenbarungen, die in der größten Tiefe und Durchsichtigkeit erglänzt und die vier sehr scharfen Kanten in Festigkeit zu den vier Seiten der Welt hinaus streckt, wo sie die, welche verworfen, und jene, welche gesammelt werden, klar vorher sieht und so das Geheimnis der höchsten Majestät kundtut.

10. Es erscheint darauf noch ein anderer Glanz, welcher der Morgenröte gleich, die Seligkeit eines Purpurblitzes in sich schließt. Auch dies versinnbildet die Weisheit Gottes, indem sich der Eingeborene des Vaters, der aus der Jungfrau Fleisch annahm, würdigte, sein Blut im Glanze des Glaubens für das Heil der Menschen zu vergießen.

11. Du siehst sodann auf der Erde Menschen Milch in Tongefäßen tragen und Käse daraus bereiten. Das sind die Männer und Frauen, die den menschlichen Samen in ihrem Körper tragen, aus dem das Geschlecht der verschiedenen Völker hervorgeht: ein Teil ist dick, woraus Käse gemacht werden soll, weil dieser Same in seiner Stärke nützlich ist und gut gekocht und gemischt starke Menschen hervorbringt: Sie haben große Klarheit der geistigen und fleischlichen Güter, kommen voran durch Klugheit, Maßhaltung und Nutzbarmachung ihres Lebens in ihren Werken vor Gott und den Menschen, weil der Teufel keinen Teil an ihnen findet. Ein anderer Teil der Milch ist dünn und läßt dünnen Käse gerinnen. Dieser Same bringt in seiner Schwäche, und da er unvollkommen gekocht und gemischt ist, zarte Menschen hervor, welche wie die meisten törichten, lauen und unnützen Menschen vor Gott und der Welt in ihren Werken zurückbleiben und Gott nicht standhaft suchen. Ein anderer Teil ist gemischt mit Flüssigkeit, woraus bitterer Käse wird, weil dieser Same durch seine schwache Mischung nachlässig hergestellt und unrichtig gemischt, haltlose Menschen hervorbringt, welche oft Bitterkeiten, Schwierigkeiten und Bedrängnisse des Herzens haben, so daß sie ihren Geist nicht zur Höhe heben können. Viele von diesen werden nützlich, leiden zwar dennoch unter vielen Stürmen

und Unruhen, sowohl körperlicher als geistiger Art, gehen aber als Sieger hervor. Gott züchtigt sie und steht ihnen bei und führt sie zum Wege des Heiles, wie geschrieben steht: »Ich töte und mache lebendig; ich schlage und heile, keiner kann meiner Hand entrinnen.«

12. Du siehst sodann eine Frau, die eine vollkommene Menschengestalt in ihrem Leibe trägt. Das bedeutet: Nachdem ein Weib menschlichen Samen empfangen hat, wird das Kind mit allen seinen Gliedern in dem verborgenen Gezelte des weiblichen Leibes gebildet, und siehe, durch die geheime Anordnung des höchsten Schöpfers regt sich die lebendige Gestalt, weil durch geheimen Befehl und Willen Gottes das Kind im mütterlichen Schöße rechtmäßig und von Gott bestimmt zu seiner Zeit Geist empfängt und durch die Bewegung seines Körpers zeigt, daß es lebt, wie die Erde sich öffnet und Blumen und Früchte hervorbringt, wenn Tau auf sie niedergefallen ist. Die Feuerkugel hat keine Umgrenzungen eines menschlichen Körpers und erfüllt das Herz des Menschen, weil die Seele gleichsam brennend im Feuer tiefer Erkenntnis die verschiedenen Dinge im Umkreis unterscheidet. Sie hat nicht die Gestaltung menschlicher Glieder, weil sie unkörperlich ist, noch ist sie hinfällig in bezug auf den Körper. Sie stärkt das Menschenherz, weil sie gleichsam das Fundament des Körpers ist und ihn ganz regiert. Sie ist wie das Firmament des Himmels, das alles unter sich zusammenhält und das Darüberliegende berührt. Die feurige Kugel berührt auch das Gehirn im Menschen, weil es mit seinen Kräften nicht nur Irdisches, sondern auch Himmlisches versteht, indem es Gott weise erkennt. So durchdringt sie

alle menschlichen Glieder, weil sie dem ganzen Körper die Kraft des Markes, der Adern und aller Glieder verleiht, wie der Baum aus seiner Wurzel allen Zweigen Saft und Grün zubringt. Dann geht die so belebte Menschengestalt aus dem Mutterleibe hervor, gemäß den Bewegungen der Kugel in dem Menschen, ändert auch so die Farbe. Nachdem der Mensch im Mutterleib den Lebensgeist empfangen hat und geboren worden ist, gibt er entsprechend den Werken, welche die Seele gemeinsam mit dem Körper wirkt, die Bewegungen seiner Betätigung. Demzufolge bestehen auch die Verdienste des Menschen; ob der guten Werke hüllt er sich in Licht, ob der bösen in Dunkelheit.

13. Solchen Anlagen entsprechen auch die menschlichen Kräfte; im Kindesalter zeigt er Einfalt, im Jünglingsalter Tapferkeit; im Vollalter, wenn seine Adern strotzend sind, zeigt er riesenstarke Kräfte in Weisheit. Er ist dem Baume gleich, der zuerst in zartem Grün steht, darauf Fruchtansatz zeigt, schließlich nützliche Fülle hervorbringt. Später aber, im Greisenalter, wenn das Mark und die Adern des Menschen schon schwach zu werden beginnen, zeigt die Seele leichtere Kräfte, gleichsam als empfände sie Ekel vor dem Menschenwissen; sie ähnelt darin dem Safte des Baumes, welcher sich in den Zweigen und Blättern zusammenzieht, wenn die Winterzeit herannaht, und der Baum schon anfängt, sich greisenhaft niederzubeugen.

14. Der Mensch hat drei Wege in sich: Die Seele, den Körper und die Sinne. Die beiden Hauptkräfte sind Verstand und Wille, gleichsam ihre beiden Arme. Doch ist es nicht so, als bedürfe die Seele der Arme, um sich zu bewegen, sondern sie offenbart sich nur in diesen

Kräften, wie die Sonne sich kenntlich macht durch ihren Glanz.

15. Der Geist haftet der Seele an wie der Arm dem Körper. Wie der Arm, dem die Hand mit den Fingern verbunden ist, sich vom Körper fortstreckt, so geht auch der Geist sicherlich mit der Leistung der andern Seelenkräfte, mit denen er die Werke des Menschen erkennt, aus der Seele hervor. Er erkennt nämlich mehr als die andern Seelenkräfte, was an dem Werk gut und was schlecht ist. Man erhält Einsicht durch ihn wie durch einen Lehrer, denn die Seele untersucht alles, so wie der Weizen von allem Nichtzugehörigen gereinigt wird. Sie durchforscht, ob etwas nützlich oder nutzlos sei, liebenswürdig oder hassenswert, was zum Leben und was zum Tode führt. Wie die Speise ohne Salz geschmacklos bleibt, so sind auch die übrigen Seelenkräfte ohne den Geist dumpf und können nichts unterscheiden. Er erkennt die Gottheit und Menschheit in Gott.

16. Der Wille erwärmt das Werk, die Seele nimmt es auf, und die Vernunft führt es fort und der Geist zeigt, ob es gut oder böse ist. Die Engel haben auch einen Intellekt, der das Gute liebt und das Böse verabscheut. Wie der Körper das Herz hat, so hat die Seele den Intellekt. Der Wille hat nämlich große Kraft über die Seele. Die Seele steht in einer Ecke des Hauses, im Herzensgrund, wie der Mensch in einer Ecke seines Hauses, so daß er das ganze Haus überblicken kann, um alle Werkzeuge des Hauses zu leiten, und sich nach Osten kehrend, gibt er mit der erhobenen Rechten ein Zeichen, was zum Nutzen des Hauses getan werden soll. So macht es die Seele, gen Sonnenaufgang gewendet, durch alle Straßen des ganzen Körpers.

17. Der Wille ist gleich einem Feuer, das alles in einem Ofen kocht. So ist auch der Wille die Stärke des ganzen Werkes, denn er zermahlt in der Überlegung und gibt in die Form den Sauerteig hinein und zermürbt in seiner Härte. Während die Speise des Menschen manchmal aufhört, überdauert das Werk des Willens in ihm bis zur Trennung von Leib und Seele.

18. Der Wille hat in der Menschenbrust eine Art von Gezelt, das Gemüt. Der Intellekt, Wille und jede Seelenkraft hauchen es in der ihnen eigenen Stärke an. Sie erwärmen sich alle in diesem Gezelt und vereinigen sich miteinander. Erhebt sich eine schändliche Lust, dann wird der Brand der Wollust in seiner eigenen Materie entzündet, und der Mutwille erhebt sich, der zur Sünde gehört, und vereinigt sich in diesem Gezelte. Es gibt aber noch eine andere liebenswerte Freude, die vom hl. Geist in seinem Gezelt entfacht wird. Die Seele nimmt sie voll Freude im Glauben auf und vollendet mit himmlischer Sehnsucht das gute Werk. Es gibt auch eine Art Traurigkeit, durch die im selben Gezelte aus jenen Säften um die Galle Lähmung entsteht. Sie erzeugt im Menschen Unwillen, Verhärtung, Starrköpfigkeit, drückt die Seele nieder, wenn die Gnade Gottes ihr nicht schnell zu Hilfe eilt und sie eilends herausreißt. Wenn aber der Wille will, so bewegt er die Werkzeuge seines Gezeltes und legt sie in der Gluthitze nieder, seien sie gut oder schlecht. Es erhebt sich in diesem Gezelte eine Riesenmenge von Gutem und Bösem, wie wenn sich ein Heer an einem Orte versammelte, kommt aber der Fürst des Heeres, so nimmt er es auf, wenn die Schar sein Gefallen findet. Mißfällt sie ihm aber, läßt er sie abziehen; so macht es auch der Wille.

19. Im Geist und im Willen zeigt sich die Vernunft wie der Klang der Seele. Sie vollendet Gottes- oder Menschenwerk. Der Klang hebt nämlich das Wort in die Höhe, wie der Wind den Adler aufhebt, um fliegen zu können. Ebenso entsendet auch die Seele im Gehör und Intellekt des Menschen den Ton der Vernunft, so daß seine Kräfte Einsicht erlangen und jedes Werk zur Vollendung geführt wird. Der Leib aber ist das Gezelt und die Hilfe für alle Seelenkräfte.

20. Die Sinne heften sich an die inneren Seelenkräfte an. Der äußere Mensch erwacht zuerst mit den Sinnen, bevor er aus dem Mutterleibe geboren wird, während die übrigen Seelenkräfte noch verborgen bleiben. Was heißt das? Die Morgenröte verkündet das Tageslicht; so zeigt das Empfindungsvermögen des Menschen alle Kräfte der Seele mit der Vernunft an. Der Mensch wird an seinem Antlitz erkannt, sieht mit den Augen, hört mit den Ohren, öffnet den Mund zum Sprechen, tastet mit den Händen, geht mit den Füßen. Deshalb sind die Sinne im Menschen kostbare Edelsteine und wie ein kostbarer, in einem Gefäße versiegelter Schatz.

21. Die Seele ist die Meisterin, das Fleisch die Magd. Die Seele regiert den ganzen Körper durch Belebung, der Leib aber nimmt die Belebung in sich auf. Denn würde die Seele nicht den Leib beherrschen, so würde er aufgelöst auseinanderfließen. Die Seele gleitet so in den Leib hinein wie der Saft in den Baum. Durch den Saft grünt der Baum, treibt Blüten und gewinnt Früchte. So auch der Körper durch die Seele. Und wann reift die Baumfrucht? Zur Sommerszeit. Die Sonne erwärmt sie, der Regen befruchtet sie, und so wird sie durch richtige Witterung reif. Das Erbarmen

göttlicher Gnade erleuchtet wie eine Sonne den Menschen. Der Hauch des hl. Geistes näßt ihn wie ein Regen.

22. Die Seele ist im Körper wie der Saft im Baume, und ihre Kräfte sind wie das Gestaltende im Baume. Der Geist ist in der Seele wie das Grün der Zweige und Blätter des Baumes; der Wille wie die Blüten, das Gemüt wie der erste Fruchtansatz; die Vernunft aber gleicht den reifen Früchten; das Empfinden wie die weite Ausdehnung. Solcherart wird der Leib des Menschen von der Seele gefestigt und erhalten.

23. Du siehst, daß in eine andere Kugel sehr viele Wirbel eindringen, um sie zu vertreiben. Aber nichts vermögen sie, weil die Seele sie tapfer zurückweist und ihnen keinen Einlaß zum Wüten gewährt, wenn auch teuflische Nachstellungen versuchen, sie zu schändlichen Lastern zu verleiten. Die Seele steht fest dank göttlicher Eingebung und eilt zu ihrem Erlöser.

24. Eine andere Kugel löst die Knoten, weil die Seele die Glieder ihrer körperlichen Wohnung verläßt, da die Zeit ihrer Auflösung nahe ist. Mit Besorgnis erhebt sie sich von ihrem Körper und läßt ihre Wohnstätte mit großer Furcht fallen, voll Sorge über das Gericht des höchsten Richters. Helleuchtende und verfinsterte Geister kommen, welche Genossen ihres Wandels im Glauben sind. Bei der Trennung der Seele vom Körper sind die englischen Geister, böse und gute, nach der gerechten und wahrhaftigen Anweisung Gottes zugegen, welche Zuschauer ihrer Werke, die sie im Körper mit dem Körper vollbrachte, waren. Ihre Auflösung erwartend, führen sie sie körperlos fort, wohin der höchste Richter nach den Verdiensten ihrer Werke bestimmt.

DIE FÜNFTE VISION: VON DER SYNAGOGE.

Darauf sah ich etwas wie eine weibliche Gestalt, die vom Scheitel bis zur Mitte blaß war und von der Mitte ihres Körpers bis zu den Füßen schwarz. An den Füßen blutete sie, und um ihre Füße herum hatte sie wie eine ganz helle und reine Wolke. Augen hatte sie keine; ihre Hände aber hielt sie unter ihren Achseln; sie stand vor dem Altare, d. h. vor Gottes Augen, aber berührte ihn selbst nicht. Und in ihrem Herzen stand Abraham und auf ihrer Brust Moses, auf ihrem Leibe aber die übrigen Propheten, und jeder von ihnen zeigte die ihm zugehörigen Zeichen, und sie bewunderten die Schönheit der neuen Braut. Diese aber erschien von solcher Größe wie ein riesengroßer Turm einer Stadt, der auf seiner Spitze einen Kreis ähnlich der Morgenröte hat. Wiederum hörte ich eine Stimme vom Himmel zu mir sprechen: »Dem alten Volk hat Gott die Strenge des Gesetzes auferlegt, als er Abraham die Beschneidung angab, welche er später in süße Gnade verwandelte, als er seinen Sohn für die Wahrheit des Evangeliums den Gläubigen hingab, und er die im Gesetzesjoch Verwundeten mit dem Öl der Barmherzigkeit tröstete.

2. Daher siehst du eine weibliche Gestalt, die blaß ist vom Scheitel bis zur Mitte. Es ist dies die Synagoge, die Mutter der Menschwerdung des Sohnes Gottes. Sie ist nicht die rotschimmernde Morgenröte, welche offenkundig spricht, sondern betrachtet sie nur in großer Bewunderung von fernher. Wer ist diese neue Braut, welche sich mit zahllosen guten Werken erhebt unter den verlassenen Völkern, die die Gesetzesvorschriften der Weisheit verließen und Götzen anbeten? Sie steigt empor zu überirdischen Wünschen und sehnt sich und stützt sich auf ihren Bräutigam, Gottes Sohn. Dies ist die Braut, welche von Gottes Sohn mit herrlichen Tugenden beschenkt, leuchtet und reich ist an den Flüssen der Schrift. So hat die Synagoge die neue Braut, die Kirche, bewundert, denn sie erkannte noch nicht mit gleicher Tugend geschmückt, und sie sah, daß die Kirche mit dem Schutz der Engel umgeben worden ist, während die Synagoge von Gott verlassen in Lastern daliegt.

3. Daher siehst du sie auch von der Mitte bis zu den Füßen schwarz aussehend, weil sie von der Kraft ihrer Ausbreitung bis zum Ende ihrer Dauer in der Verkehrung des Gesetzes und in der Übertretung des Testamentes ihrer Väter sich befleckt hat.

4. Die Füße sind blutig, um diese herum aber hat sie eine helleuchtende reine Wolke. Dies ist so, weil sie schließlich den Propheten der Propheten getötet hat, weshalb sie selbst fiel und auseinander barst. Dennoch erhob sich bei ihrem Ende in den Gemütern der Gläubigen ein hellstrahlender und ganz klarer Glaube; denn,

wo die Synagoge ihr Ende fand, dort erhob sich die Kirche, als sich die apostolische Lehre nach dem Tode von Gottes Sohn über den ganzen Erdkreis ausbreitete.

5. Die Gestalt ist der Augen beraubt und hält ihre Hände unter den Achseln, weil die Synagoge nicht zum wahren Licht aufblickte, als sie den Eingeborenen Gottes verachtete, und verbirgt sie lässig, als wären sie nicht da.

6. Sie steht vor dem Altare, d. h. vor Gottes Augen, aber berührt ihn nicht; da sie ja Gottes Gesetz, welches sie auf sein Geheiß und mit göttlicher Einsicht aufnahm, äußerlich zwar kannte, innerlich aber nicht umfaßte.

7. Aber auf ihrem Herzen steht Abraham, da er der Anfang der Beschneidung in der Synagoge war, und auf ihrer Brust steht Moses, weil jener in die Herzen der Menschen das göttliche Gesetz hineinlegte. Und auf dem Leibe die übrigen Propheten, weil sie nach der Bestimmung des göttlichen Willens Betrachter der göttlichen Gebote wurden. Die einzelnen zeigen ihre besonderen Zeichen und bewundern die Schönheit der neuen Braut, weil sie die Großtaten ihrer Prophetengabe in wunderbaren Zeichen kundtaten und die Schönheit der hochedlen Kirche mit großer Bewunderung erwarteten.

8. Sie selbst aber erscheint von solcher Größe, daß sie einem sehr hohen Stadtturm gleicht. Denn da sie die Größe der göttlichen Gebote in sich aufnahm, verkündete sie Schutz und Schirm einer edlen und auserwählten Stadt. Auf ihrem Haupte hat sie eine der Morgenröte ähnliche Krone, weil die Kirche in ihrem Ursprung das Wunder der Menschwerdung des Eingeborenen Gottes gezeigt hat und leuchtende Tugenden

und Geheimnisse, welche nachfolgten, dargetan hat. Sie bezeichnet Adam, der den ersten Willen Gottes erhielt, aber nachher durch seine Übertretung dem Tode verfiel. So taten es auch die Juden, die zuerst das göttliche Gebot aufnahmen, aber darauf den Sohn Gottes in ihrer Ungläubigkeit verwarfen. Wie aber der Mensch durch den Tod des Eingeborenen Gottes in der jüngsten Zeit dem Tode entrissen worden ist, so verläßt auch die Synagoge, erweckt durch göttliche Milde vor dem Jüngsten Tage, die Ungläubigkeit und wird wahrlich zur Erkenntnis Gottes gelangen. Was bedeutet das? Geht nicht die Morgenröte vor der Sonne einher? Aber die Morgenröte weicht zurück und die Sonnenhelle bleibt. Das Alte Testament zog sich zurück, und die Wahrheit des Evangeliums bleibt, da ja, was die Alten in Gesetzesbeobachtung mit dem Fleische bewahrten, das neue Volk im Neuen Testament geistigerweise übt; weil sie das im Geiste vollenden, was jene im Fleische zeigten. Die Beschneidung ging nicht unter, sondern wurde in die Taufe überführt. Wie nämlich jene an einem Glied bezeichnet wurden, so diese an allen ihren Gliedern. Daher sind die alten Satzungen nicht verloren gegangen, da sie ja in bessere Gestalt übergingen.

9. Auch in jüngster Zeit überträgt sich die Synagoge getreulich in die Kirche. Ich, der Sohn des Allerhöchsten, nahm die Rauheit des äußerlichen Gesetzes von dir und gab dir die Labe geistlicher Lehre in mir selbst.

DIE SECHSTE VISION: VON DEN ENGELCHÖREN.

Dann sah ich in der Höhe der himmlischen Geheimnisse zwei Scharen himmlischer Geister, die in vielem Glanze leuchteten. Die der ersten Schar hatten gleichsam Federn auf der Brust und Menschengesichter wie von reinem Wasser. Die andere Schar hatte auch Federn auf der Brust und Menschenantlitze, in denen das Bild des Menschensohnes wie in einem Spiegel erglänzte. Weder in diesen noch in jenen konnte ich eine andere Form unterscheiden. Diese Scharen umgaben fünf weitere kranzförmig. Die der ersten Schar von den fünfen hatten Menschenantlitze und erstrahlten von der Schulter abwärts in hellem Glanze. Die der zweiten Schar konnte ich wegen ihres hellen Lichtes nicht ansehen. Die der dritten erschienen wie weißer Marmor und hatten menschliche Häupter; über ihnen brannten Fackeln, und von der Schulter ab umgab sie eine eisenfarbene Wolke. Die der vierten hatten auch Menschenangesichter und Menschenfüße, trugen auf ihren Häuptern Helme und waren in marmorfarbene Gewänder gehüllt. Die schließlich in der fünften ließen keine Menschenform erkennen und schimmerten rot gleich der Morgenröte. Aber auch diese Scharen umgaben zwei weitere wie in einem Kranze. Die Gestalten der ersten schienen besetzt mit Augen und Federn, und in jedem Auge ein Spiegel. In diesem erschien das Antlitz eines Menschen, und ihre Federn spannten sie zur Höhe hinauf. Die in der zweiten Schar brannten wie von Feuer, hatten zahlreiche Federn, in denen wie in einem Spiegel alle Ordnungen kirchlicher Einrichtungen abgezeichnet waren. Eine weitere Form konnte ich weder an diesen noch an jenen erkennen. Und alle diese Scharen kündeten in den Tönen aller Arten von Musikinstrumenten in wunderbaren Stimmen die Wunderwerke, welche Gott in den Seelen der Seligen schafft, durch welche sie Gott sehr verherrlichen.

2. Du siehst in der Höhe der himmlischen Geheimnisse zwei Scharen himmlischer Geister mit großer Klarheit leuchten, weil in die Höhe jenes Verborgenen, in welches der fleischliche Blick nicht dringt, die Schau des inneren Menschen reicht. Diese zwei Scharen haben Menschenkörper und Seelen und zeigen, daß man Gott mit beiden dienen muß.

3. Die der ersten Schar haben gleichsam Federn auf der Brust und Menschenantlitze, welche reinem Wasser gleichen. Es sind dies die Engel mit ausgespannten Flügeln, welche das Verlangen nach tiefer Einsicht in sich tragen: ihre Flügel sind nicht wie die der Vögel, sondern sie fliegen schnell wie der Mensch mit seinen Gedanken, weil sie Gottes Willen in ihrem Verlangen eilends ausführen.

4. Auch die der zweiten Schar haben Flügel auf der Brust. Ihr Antlitz ist Menschenantlitz gleich, auf welchem das Bild des Menschensohnes wie in einem Spiegel leuchtet. Die Erzengel betrachten verlangend in ihrem Geiste den Willen Gottes und offenbaren die Schönheit der Vernunft und verherrlichen das fleischgewordene Wort Gottes in größter Reinheit; denn sie erkennen die Geheimnisse Gottes und verkündigen die Mysterien der Menschwerdung des Sohnes Gottes. Weder in diesen noch in jenen kannst du eine andere Form unterscheiden, da ja in den Engeln und Erzengeln viele Geheimnisse sind, die der menschliche Geist im sterblichen Körper nicht fassen kann.

5. Diese Scharen umgeben die andern fünf im Kranze, weil der Körper und die Seele des Menschen die fünf menschlichen Sinne mit der Kraft seiner Stärke erfaßt, die, durch die fünf Wunden meines Sohnes gereinigt, sich zur Gradheit der inneren Gebote wenden müssen. 6. Die der ersten Schar haben Menschenangesichter und erstrahlen in großem Glanz von der Schulter abwärts. Es sind die Tugenden, die in den Herzen der Gläubigen aufsteigen und in brennender Liebe einen hohen Turm in ihnen erbauen, d.h. ihre Werke. Wie dies? Der Erwählten innerer Sinn ist erhellt und wirft alle Bosheit schlechter Taten von sich. Die Menschen tragen in sich den Kampf des Bekenntnisses und der Verleugnung. Es fragt sich bei diesen Kämpfen: Gibt es einen Gott oder keinen? Diese Frage wird durch den hl. Geist im Menschen so beantwortet: Gott hat dich erschaffen und erlöst. Solange der Mensch so antwortet, verläßt ihn die göttliche Kraft nicht, denn dieser Frage und Antwort haftet Bußgesinnung an. Die

Kämpfe aber dieser Schlachten bringen die Kräfte Gott dar.

7. Die der zweiten Schar aber leben in solcher Helligkeit, daß du sie nicht anblicken kannst. Es sind die Mächte, sie sind von solcher Heiterkeit und Schönheit göttlicher Macht, daß sie sterbliche Gebrechlichkeit nicht zu fassen vermag.

8. Die der dritten Schar erscheinen wie weißer Marmor, haben Menschenhäupter, aus denen Fackeln brennen, und sind von der Schulter abwärts wie von einer eisenfarbenen Wolke umgeben. Es sind die Fürsten, die darstellen, daß diejenigen, welche aus Gottesgabe in der Welt als Führer der Menschen bestehen, aufrichtige Kraft und Gerechtigkeit anziehen müssen, damit sie nicht in Unbeständigkeit verfallen. Ihr Haupt ist Christus, und deshalb müssen sie auf ihn schauen und ihre Regierungen nach seinem Willen zum Nutzen der Menschen lenken.

9. Die der vierten Schar mit Menschengesicht und Menschenfüßen tragen auf ihren Häuptern Helme und sind in marmorfarbene Kleider gehüllt. Es sind die Herrschaften, die versinnbilden, daß Gott der Herr aller ist, und die Vernunft des Menschen, die er in menschlichen Staub hinein warf, von der Erde zum Himmel hinauf führt.

10. Die der fünften Schar zeigen keine Menschengestalt, sie erglänzen rot wie die Morgenröte. Es sind die Throne, die versinnbilden, daß die Gottheit sich zur Menschheit neigte, als der eingeborene Sohn Gottes einen Menschenleib zum Heile der Menschen anzog. Er hatte keine Makel menschlicher Sünden in sich, da er vom hl. Geiste empfangen, wie in der Morgenröte von der seligen Jungfrau makelloses Fleisch annahm.

Du kannst keine Form an ihnen erkennen; denn sie tragen zahllose himmlische Geheimnisse in sich, welche menschliche Gebrechlichkeit nicht zu fassen vermag.

11. Diese Scharen umgeben zwei weitere kranzförmig. Das soll bedeuten, daß jene Gläubigen, welche ihre fünf körperlichen Sinne zum Himmel erheben, weil sie wissen, daß sie durch die fünf Wunden des Gottessohnes erlöst sind, zur Gottes- und Nächstenliebe mit großem Eifer gelangen, weil sie ihre Hoffnung nur auf Ewiges setzen.

12. Deshalb erscheinen die der ersten Schar voller Augen und Federn und in jedem Auge wie in einem Spiegel ein Menschengesicht zu haben und erheben ihre Flügel zur Himmelshöhe. Diese Cherubim versinnbilden das göttliche Wissen, in dem sie selbst die Geheimnisse übernatürlicher Mysterien sehen. In der Tiefe ihres Wissens haben sie reinste Klarheit und sehen wunderbarerweise jene voraus, welche den wahren Gott erkennen.

13. Die der andern Schar brennen wie Feuer, haben zahllose Flügel, in welchen wie in einem Spiegel alle kirchlichen Einrichtungen gekennzeichnet sind. Es sind die Seraphim, was bedeutet, daß sie in Gottesliebe glühen und größtes Verlangen haben, Ihn zu schauen; sie zeigen in ihrem Verlangen sowohl die zeitlichen als die ewigen Würden auf, die in den kirchlichen Mysterien mit viel Reinheit und Kraft stehen. In ihnen erscheinen die Geheimnisse Gottes wunderbar. So auch suchen alle, die in aufrichtiger Herzensreinheit lieben, den höheren Weg, lieben Gott inbrünstig, um zu den Freuden jener zu gelangen, welche sie so getreulich nachahmen. Eine andere Gestalt siehst du nicht an ih-

nen, denn solange man sterblich ist, kann man das Himmlische nicht vollkommen unterscheiden. 14. Diese Scharen lassen auf allen Arten von Instrumenten wunderbare Klänge ertönen, wie du hörst, was Gott in glückvollen Seelen schafft, und wodurch sie Gott machtvoll verherrlichen.

2. BUCH

DIE ERSTE VISION: VOM ERLÖSER.

Ich sah etwas wie ein sehr helles, nicht zu begreifendes, unauslöschliches Feuer, das ganz lebendig war, in sich aber eine erzfarbene Flamme beschloß, welche auf sanften Anhauch hin hell brannte, und diese Flamme haftete so an dem leuchtenden Feuer, wie auch im Menschen die Eingeweide von diesem nicht zu trennen sind. Und ich sah, daß jene Flamme lichterloh erglühte. Siehe da, es entstand plötzlich eine runde, dunkle Luftmasse von riesiger Größe, welcher die Flamme Stöße versetzte, so oft Funken aus der Luft her vor schlugen, bis die Luft vollkommen abgetrieben wurde, und so Himmel und Erde in voller Ordnung leuchteten. Darauf breitete sich auch die Flamme im Feuer und jener Glut aus bis zu dem kleinen Klümpchen schlammiger Erde, das im Hintergrunde der Luft lag, die es erwärmte, so daß Fleisch und Blut daraus wurde und durch Anhauchen bewirkte, daß eine lebendige Seele entstand. Darauf bot jenes hellglänzende Licht durch die Flamme, welche infolge leichten Anhauchens lichterloh brannte, dem Menschen selbst eine strahlendweiße Blume dar, die in der Flamme hing, wie der Tau auf dem Grase, dessen Geruch der Mensch zwar mit der Nase wahrnimmt, aber nicht mit dem Geschmack des Mundes kostet, noch mit den Händen betastet, und auf diese Weise sich abwendend in tiefste Finsternis fällt, aus welcher er sich nicht wieder zu erheben vermag. Das Dunkel aber in jener Luft breitete sich mehr und mehr aus und erfüllte alles. Dann erschienen drei große Sterne in jenem Dunkel, die in ihrem Glanze zusammenhingen; nach ihnen viele kleine und große, in sehr hellem Glanze erstrahlend, und darauf ein ganz großer Stern mit wunderbarer Helligkeit, der seinen Glanz zur Flamme hinwandte. Aber auch auf der Erde erschien ein helles Leuchten wie die Morgenröte, der noch eine größere Flamme wunderbar beigegeben ist, welche dennoch nicht getrennt ist vom oben erwähnten hellen Licht; und in dem hellen Licht der Morgenröte ist der größte Wille entzündet. Da ich das Entzünden dieses Willens sorgfältiger betrachten wollte, wurde mir bei dieser Vision ein geheimes Siegel vorgeschoben. Ich hörte eine Stimme aus der Höhe zu mir sprechen: »Von diesem Geheimnis kannst du nichts weiter erschauen, als was dir wegen des Wunders des Glaubens gewährt wird.« Aus dem Leuchten der Morgenröte sah ich einen sehr hellen Menschen hervorgehen, welcher seine Klarheit in das erwähnte Dunkel ergoß und von diesem zurückgeworfen wurde. In Blutesröte und fahlste Blässe verwandelt, durchbrach er mit solcher Kraft das Dunkel, wie jener Mensch, der in ihr lag, durch diese Berührung zu leuchten schien und so aufwärts erhoben davon ging. Und so erschien jener strahlende Mensch, der aus der

Morgenröte hervorgegangen war, in solcher Helligkeit, mehr als die menschliche Sprache es auszudrücken vermag, und wandte sich zur unglaublichsten Höhe unbeschreiblicher Herrlichkeit, wo er in der Fülle jeder Art von Fruchtbarkeit und Duft herrlich erstrahlte. Aus dem lebendigen Feuer hörte ich eine Stimme zu mir sprechen: »Du, die du zerbrechliche Erde und unbelehrt bist in aller Lehre menschlicher Lehrer, da du den Namen einer Frau trägst, noch es verstehst, die Buchstaben nach ihrem wahren Sinn zu lesen, sondern nur durch die Berührung mit meinem Licht, welches dich innerlich mit einem Brand berührt wie die brennende Sonne, rufe, erzähle und schreibe auf meine Geheimnisse, welche du hörst und siehst in mystischer Vision. Der lebendige Gott nämlich, der alles durch sein Wort erschaffen hat, führte eben durch dieses menschgewordene Wort die arme Menschenkreatur, welche sich in Finsternis selbst versenkt hatte, zur Erlösung im Glauben zurück.

2. Was bedeutet das? Jenes hellstrahlende Feuer, welches du erblickst, bezeichnet den allmächtigen und lebensvollen Gott, der in seiner hellsten Heiterkeit niemals durch irgendeine Bosheit verdunkelt wird und unbegreiflich bleibt. Denn er kann durch keine Teilung gespalten werden, weder im Anfang noch am Ende, noch kann ein Funke seines Wissens von einem Geschöpf verstanden werden, und er verweilt unauslöschlich; da er ja selbst die Fülle ist, welche keine Begrenzung hat. Und er ist voller Leben, weil überhaupt kein Ding ihm verborgen ist, so daß er es nicht kennte. Er ist ganz Leben, weil alles, was lebt, von ihm das Leben empfängt.

3. Auch ist in der Allmacht jenes Schöpfers die Be-

wegung von allem Lebendigen und Irdischen. Der Geist aber erhebt sich auf zweierlei Weisen, nämlich da er das Seufzen und Sehnen nach Gott besitzt, oder die Herrschaft und den Wunsch nach verschiedenen Dingen, indem er sie im Gebote sucht, weil er die Unterscheidungsgabe in der Vernunft hat. Daher trägt auch der Mensch die Ähnlichkeit von Himmel und Erde in sich.

4. Du siehst, daß das Feuer in sich eine eherne Flamme hat, welche durch lindes Anblasen hell aufflackert und dem leuchtenden Feuer so unzertrennlich innewohnt, wie die Eingeweide dem Menschen. Das ist so, weil in der Ewigkeit vor der Erschaffung der Kreatur in der Zeit das unendliche Wort, welches in der Glut der Liebe im Verlauf der in Verfall geratenen Zeiten ohne Schmutz und Beschwerung durch Sünde durch die süße Kraft des heiligen Geistes in der Morgenröte der seligsten Jungfräulichkeit geboren werden mußte, aber so, wie es vor der Fleischesannahme unzertrennbar im Vater war, so auch nach der Menschwerdung untrennbar in ihm verblieb. Denn wie der Mensch nicht ohne zum Leben gehörige Berührung mit den Sinnen ist, so kann auch niemals das lebendige Wort vom Vater getrennt werden.

5. Und warum wird es »das Wort« genannt? Wie durch das irdische Wort, welches in den menschlichen Staub eingeht, die Befehle des Lehrers klug verstanden werden von denen, welche den Befehl des Gebietenden wissen und voraussehen, so wird auch durch das unirdische Wort, das in nicht auszulöschendes Leben eingeht, wahrhaft der Wille des Vaters von den verschiedenen Geschöpfen der Welt erkannt. Und wie durch das amtliche Wort die Macht und Ehre des Men-

schen anerkannt wird, so leuchten auch durch das göttliche Wort die Heiligkeit und Güte des Vaters.

6. Du siehst, wie jene Flamme weiß aufblitzt, weil das Wort Gottes seine Kraft gleichsam erglühend zeigt, da jedes Geschöpf durch ihn begründet worden ist.

7. Die Luftmasse ist aber dunkel und rund und sehr groß, die plötzlich entstand, weil sie das Werkzeug jener ist in der Dunkelheit des Nichtvollendetseins; denn es ist noch nicht erleuchtet durch die Fülle der Geschöpfe. Rund ist es, weil es unter der unbegreiflichen Macht Gottes steht, der niemals die Gottheit fehlt.

8. Die Flamme aber breitet sich im Feuer und in der Glut aus bis zu einem Klümpchen schlammiger Erde, welches im Hintergrund der Luft liegt, weil das Wort Gottes in der starken Kraft des Vaters und in der Liebe überirdischer Lieblichkeit des heiligen Geistes durch die andern Geschöpfe die zerbrechliche Materie der weichen und zarten Gebrechlichkeit der Menschheit, sowohl aller schlechten als auch aller guten Menschen erblickte; denn die Erde ist die fleischliche Materie des Menschen, die ihn ernährt mit ihrer Frucht, wie eine Mutter mit Milch ihre Kinder.

9. Darauf bot das helle Licht durch jene Flamme, die durch sanften Hauch lichterloh brannte, dem Menschen selbst eine blendend weiße Blume, welche in jener Flamme hing, wie der Tau auf dem Grase, da ja nach Erschaffung des Adam das hellste Licht, der Vater, durch sein Wort im heiligen Geist Adam selbst das Gebot klarsten Gehorsams gab, durch welchen dieser dem Worte in einem großen Regenstrom fruchtbringender Tugend anhängen sollte. Diesen Geruch nimmt der Mensch mit der Nase wahr, aber kostet ihn nicht mit dem Geschmack des Mundes, noch betastet er ihn

mit den Händen, da er das Gesetzesgebot mit einsichtiger Weisheit wie mit Riechorganen an sich zieht, aber die Kraft jener inneren Vollendung nicht vollständig in den Mund einließ, noch durch das Werk der Hände in der Fülle des Glückes erfüllte, und sich so fortwendend in tiefste Finsternis fällt, aus der er nicht wieder hervorkommen kann. Daher konnte er zu seiner wahren Kenntnis nicht gelangen, da er von Sünde belastet war, bis jener kam, welcher seinem Vater vollkommen ohne Sünde gehorchte. Die Herrschaft des Todes aber nahm in der Welt immer mehr nach der Menge der Laster zu.

10. Drei große Sterne, die in ihrem Glanze aneinander hängen, erscheinen im Dunkel, dann noch mehrere kleine und große in heller Lichtmenge: diese bedeuten in der Versinnbildung der heiligsten Dreieinigkeit große Lichter, nämlich Abraham, Isaak und Jakob, welche sich durch Treue im Werk wie auch durch fleischliche Verbindung angehören und durch ihre Verkündigungen die weltliche Finsternis überwinden und die vielen kleinen und großen Propheten, die ihnen nachfolgten, in großen und staunenswerten Wundern bestrahlten.

11. Dann erschien aber ein sehr großer Stern mit wunderbarer Helligkeit, der seinen Glanz zur Flamme hinwandte. Es ist dies der bevorzugte Prophet Johannes der Täufer, der durch treuestes und hellstes Werk in Großtaten schimmert und in ihnen das wahre Wort, nämlich den Sohn Gottes zeigt.

12. Auf der Erde aber erscheint jener Glanz wie die Morgenröte, dem eine größere Flamme wunderbarerweise beigegeben ist. Diese ist dennoch nicht getrennt von dem hellen Feuer. Das ist so, weil Gott am Orte der allgemeinen Dinge einen großen Glanz rötlichen

Lichtes pflanzte und sein Wort mit vollkommenem Willen sandte, das aber nicht von ihm getrennt ist: sondern er gab ihnen die reichliche Frucht, den großen Quell, aus welchem jede gläubige Kehle trinkend fernerhin nicht mehr dürstet.

13. Aus dem Scheine der Morgenröte siehst du einen blendendstrahlenden Menschen hervorgehen, der seine Helligkeit ins Dunkel ergießt, daß diese von ihm zurückgeworfen wird; er, der sich in blutiges Rot und weiße Blässe verwandelte, stieß die Dunkelheit mit solcher Kraft zurück, daß jener Mensch, der in ihr lag, durch die Berührung zu leuchten schien und aufrecht hinausging. Dies bedeutet, daß Gottes Wort, welches sich im Schimmer der unversehrten Jungfräulichkeit unverletzt inkarnierte, ohne Schmerz geboren, sich dennoch nicht vom Vater trennte. Als Gottes Sohn in der Welt von der Mutter geboren ward, erschien er im Himmel im Vater. Daher erzitterten auch bald die Engel und jubelten Lobgesänge. Dieser Sohn Gottes, der ohne eine Makel von Sünde in der Welt weilte, sandte die lichtvollste Lehre des Glückes und der Errettung in das Dunkel des Unglaubens hinaus, wurde aber vom ungläubigen Volke verworfen, zum Leiden geführt, vergoß sein rosenfarbenes Blut und kostete körperlich den Todesnebel. Er überwand den Teufel und befreite seine Auserwählten aus der Hölle, die in ihr zurückgehalten und hinabgeworfen waren; so führte er sie durch die Berührung mit seiner Erlösung zu ihrer Erbschaft, welche sie in Adam verloren hatten, barmherzig zurück. Der Teufel aber sieht niemals jenen, der rechtmäßig denkt, und nie werden jene ihn erblicken, die Gott getreulich fürchten. Denn er erhebt sich immer gegen Gott, indem er vorgibt, Gott zu sein. Daher ist

seine Bosheit so vertieft, daß kein Heilmittel seine Sünden, welche er ruchlos im verachtungswertesten Hochmut beging, reinigen kann. Deshalb verbleibt er in andauerndem Schmerz wie eine Gebärende in verzweifelter Trübsal, welche es nicht glauben will, daß sie bei Eröffnung ihres Leibes leben kann. Diese Unseligkeit wird immer über ihm bleiben, weil er von der Seligkeit ausgeschlossen ward, denn die Weisheit der Söhne floh von ihm, der nicht zu sich zurückkehrt, wie der verschwenderische Sohn, der von seiner Sünde zurückkommt, sich zu seinem Vater begibt. Deshalb vertraut er niemals auf jene Zerknirschung, mit welcher die Söhne der Erlösung auf den Tod des höchsten Sohnes, den Tod der scheußlichsten Sünde zertreten, welche die listige Schlange bewirkte, als sie dem ersten Menschen die List, die er nicht kannte, anriet. Ich will die Seelen jener, welche mich lieben und verehren, die Seelen der Heiligen und Gerechten von der Höllenstrafe erlösen. Denn niemand von den Menschenkindern konnte den Fesseln des Teufels entrissen werden, mit welchen er in grausamen Tode wegen der Übertretung von Gottes Geboten gefesselt ist, wenn nicht durch die Erlösung jenes, der seine Erwählten in seinem eigenen Blute loskaufen will.

14. Du siehst einen leuchtenden Menschen der Morgenröte entsteigen und in solcher Helle erscheinen, wie keine menschliche Zunge es künden kann. Das zeigt, daß der erhabenste Leib des Sohnes Gottes aus der köstlichsten Jungfrau geboren und drei Tage lang im Grab gelegen war, um uns einzupflanzen, daß drei Personen in einer Gottheit vorhanden sind; die väterliche Klarheit leuchtete, und er erhielt so den Geist zurück und erstand in leuchtendster Unsterblichkeit,

welche kein Menschenkind mit Gedanken oder Worten erklären kann.

15. Wie die Kinder Israels aus Ägypten befreit, vierzig Jahre lang durch die Wüste schritten und in das Land von Milch und Honig gelangten, so zeigte sich auch gnädig Gottes Sohn, der vom Tode erstanden war, vierzig Tage seinen Jüngern und den heiligen Frauen, welche nach ihm seufzten.

16. In die höchste Höhe unbeschreiblicher Herrlichkeit strebte der Mensch, wo er in der Fülle von Tau und Wohlgeruch wunderbar leuchtet. Wer mit wachen Augen sieht und mit aufmerksamen Ohren hört, gewähre meinen mystischen Worten, welche lebendig aus mir ausströmen, den Kuß der Umarmung.

DIE ZWEITE VISION: VON DER DREIFALTIGKEIT.

Dann sah ich ein sehr helles Licht und in ihm eine Menschengestalt wie aus Saphir, welche im lieblichsten rötlichen Lichte brannte, und das glänzende Licht übergoß das ganze rötliche Licht und dieses wieder jenes helle Licht und das hellstrahlende die ganze Menschengestalt, so daß sie alle ein Licht in einer Kraft und Macht bildeten. Und wieder hörte ich das lebendige Licht zu mir sprechen: »Das ist der Sinn der göttlichen Geheimnisse, daß recht geschaut und verstanden wird jene Fülle, die ohne Anfang ist und der nichts mangelt. Denn wäre Gott nicht erfüllt von seiner eigenen Kraft, was wäre dann sein Werk? Gewißlich eitel! So aber sieht man am vollkommenen Werk den Künstler«.

2. Daher siehst du dieses überhelle Licht, welches ohne Anfang ist, und dem nichts fehlt. Es bedeutet den Vater; und in der saphirfarbenen Gestalt erscheint der Sohn ohne Makel einer Unvollkommenheit, der vor der Zeit als Gott vom Vater gezeugt, aber in der Zeit als

Mensch in der Welt Fleisch ward. Im süßesten roten Lichte brennen sie. Dieses Feuer stellt den hl. Geist ohne irgend etwas Sterbliches dar. Durch ihn hat die Jungfrau den eingeborenen Sohn Gottes empfangen, in der Zeit geboren und so der Welt wahres Licht geschenkt.

3. Jenes Licht durchgießt ganz jenes rote Feuer, dieses das helle Licht und so das helle Licht und rote Feuer die ganze Menschengestalt, und so bilden sie ein Licht in einer Kraft und Macht. Dem ist so, weil der Vater, der die höchste Gerechtigkeit ist, nicht ohne den Sohn und den hl. Geist ist. Der hl. Geist, der die gläubigen Herzen entzündet, ist immer in Verbindung mit dem Vater und dem Sohn, da der Vater nicht ohne den Sohn, der Sohn nicht ohne den Vater, weder der Vater noch der Sohn ohne den hl. Geist ist, so ist auch der hl. Geist nicht ohne diese: diese drei Personen sind ein Gott in der ungeteilten Gottheit; die eine Gottheit ist kraftvoll unzertrennlich. In diesen drei Personen, da die Gottheit nicht zerrissen werden kann, sondern unveränderlich und unverletzlich ist: Erscheint der Vater im Sohne, der Sohn durch die Schöpfung, der hl. Geist durch den fleischgewordenen Sohn. Wieso? Der Vater ist es, der den Sohn zeitlos zeugte; durch den Sohn wurde alles vom Vater beim Schöpfungsbeginn gemacht, und der hl. Geist erscheint in Gestalt einer Taube bei der Taufe des Sohnes Gottes zur Fülle der Zeiten.

4. Daher soll der Mensch niemals vergessen, mich als Gott in diesen drei Personen anzurufen, weil ich sie deswegen den Menschen zeigte, damit der Mensch um so inniger in Liebe zu mir erglühe.

5. Die Flamme hat auch in einem Feuer drei Kräfte,

wie ein Gott in drei Personen ist. Wieso? Die Flamme besteht in heller Klarheit, ihr innewohnender Kraft und in feuriger Glut. Sie hat helle Klarheit, um zu leuchten, Kraft, um machtvoll zu sein, feurige Glut, um zu brennen. Betrachte daher in heller Klarheit den Vater, der in väterlicher Liebe seine Klarheit unter den Gläubigen ausbreitet. In der innewohnenden Kraft den Sohn, der aus der Jungfrau einen Leib annahm, und in dem die Gottheit ihre Wunder kundtat. Schau in der feurigen Glut den hl. Geist, der in den Herzen der Gläubigen milde brennt. Wie in einer Flamme drei Kräfte sichtbar sind, so werden auch in der Einheit der Gottheit drei Personen erkannt.

6. Wie drei Kräfte im Worte sind, so muß auch die Dreifaltigkeit in der Einheit der Gottheit betrachtet werden. Im Wort ist Klang, Kraft und Hauch. Es hat Klang, um gehört zu werden, Kraft, damit man es versteht, Hauch, um zur Fülle zu kommen. Im Klang erkenne den Vater, der in unaussprechlicher Macht alles offenbar macht. In der Kraft den Sohn, der wunderbar vom Vater gezeugt wurde. Im Hauch aber den hl. Geist, der weht, wo er will und alles verzehrt. So sind auch der Vater, Sohn und hl. Geist nicht von sich unterschieden, sondern wirken gemeinsam. Wie verschiedene Dinge in einem Worte sind, so ist auch die höchste Dreieinigkeit in der höchsten Einheit, ohne faßbar, greifbar zu sein. Genau so verhält es sich mit dem Wort, das nicht wirken kann, wenn in ihm kein Klang, Kraft und Hauch ist. Ebenso müssen auch Klang, Kraft und Hauch zusammen sein. Was heißt das? Gott ist gewißlich in drei Personen der eine, wahre Gott, der Anfang und das Ende.

DIE DRITTE VISION: VON DER TAUFE.

Dann sah ich eine weibliche Gestalt von erhabener Größe. Sie hatte das Aussehen einer großen Stadt; ihr Haupt war wunderbar gekrönt, und von ihren Armen ging gleich einem Überwurf ein Glanz vom Himmel bis zur Erde strahlend aus. Ihr Leib aber hatte wie ein Netz viele Löcher, durch welche eine große Menschenschar hindurch ging. Sie hatte keine Beine noch Füße, sondern stand nur auf ihrem Leibe vor dem Altare, d. h. vor Gottes Augen, und umfing ihn mit ausgebreiteten Armen. Mit ihren Augen aber lugte sie sorgfältigst durch den ganzen Himmel. Ich konnte keine Gewänder an ihr erblicken, außer daß sie von hellster Klarheit leuchtend von vielem Glanz übergössen ward. Auf ihrer Brust schimmerte ein roter Glanz gleich der Morgenröte, wo ich auch viele Art von Musik hörte und den Gesang gleich der Morgenröte, die hell leuchtet. Die Gestalt breitete ihren Glanz gleich einem Gewand aus, wobei sie sprach: »Ich muß empfangen und gebären.« Und bald eilte ihr gleich einem Blitz eine Engelschar, die die Stufen und Sitze für die Menschen in ihr bereitet, entgegen, durch welche die Gestalt selbst freigemacht werden mußte. Dann sah ich schwarze Kinder nahe der Erde in der Luft wie Fische, die plötzlich in das Wasser in dem Leibe der Gestalt durch die Löcher eindrangen (denn diese standen denen, die eintreten wollten, weit offen). Aber jene Gestalt stöhnte auf und zog sie aufwärts, bis sie aus ihrem Munde hervorgegangen waren, sie selbst blieb aber unversehrt. Und siehe, ein heiteres Licht und in ihm ein Menschenantlitz! Auch erschien mir im rötlichen Lichte brennend dies gemäß der Vision, die ich vorher gesehen hatte, und zog, die tiefschwarze Haut von den anderen abziehend und abseits vom Wege jene Häute wegwerfend, die einzelnen mit einem hellschimmernden Gewande an, und es erschien ihnen ein hellstrahlendes Licht, das zu den einzelnen sprach: »Ziehe aus die alte Ungerechtigkeit und bekleide dich mit der neuen Heiligkeit, offen steht dir nämlich das Tor deiner Erbschaft; sieh also, wie du belehrt wirst, um deinen Vater zu erkennen, den du bekannt hast. Wenn du mich vollkommen liebst, tu ich dir, was du begehrst. Verachtest du mich aber, dann wende ich mich von dir, und du blickst rückwärts, wenn du mich nicht verstehen willst; wenn du, befleckt mit Sünden, dem Teufel zueilst, gleich als wäre er dein Vater, dann empfängt dich das Verderben, da du nach deinen Werken gerichtet werden wirst, denn als ich dir gut war, wolltest du mich nicht erkennen.« Die Kinder aber, die aus dem Leib der Gestalt kamen, wandelten in dem Glanze, der sie umgoß. Jene, sie wohlwollend betrachtend, sagte mit trauriger Stimme: »Diese meine Söhne werden wiederum zum Staube zurückkehren:

denn viele empfange ich und gebäre sie, die mich, ihre Mutter, durch mannigfaltige Erschütterungen ermüden und wider mich anstürmen und mich bedrücken durch Häresien und Trennungen und in ihnen unnütze Kämpfe, in Räubereien, Morden, Ehebrüchen und Unlauterkeiten und in vielen Irrtümern dieser Art. Aber die meisten von ihnen stehen auf in wahrer Buße zum ewigen Leben. Viele fallen auch in fälschlicher Verhärtung in den zweiten Tod.«

2. Jetzt siehst du eine weibliche Gestalt von überragender Größe, das Abbild einer großen Stadt. Das bedeutet die Braut meines Sohnes, welche stets Söhne in der Wiedergeburt des Geistes und Wassers zeugt. Sie ist das Abbild eines großen Turmes, da kein Feind es vermag, sie zu erstürmen, und da sie im Kampf den Unglauben von sich abweist und sich im Glauben ausbreitet, was im sterblichen Zeitalter so verstanden wird, daß jeder der Gläubigen seinen Nächsten ein gutes Beispiel geben müsse, durch welches er sich selbst viele Tugenden wirkt im Himmel. Wenn aber ein Gerechter zu den Söhnen des Lichts gelangt, dann erscheint ihm das gute Werk, das er gewirkt hat. In der Sterblichkeit des irdischen Staubes kann man dies nicht erkennen, da es hier im Schatten der Unruhe verdunkelt ist.

3. Sie hat das Haupt mit wunderbarem Schmuck geziert, da sie selbst in ihrem Ursprung, weil sie im Blute des Lammes auferweckt ward, geziemend in den Aposteln und Märtyrern geschmückt ist durch die wahre Verlobung mit meinem Sohne. Denn in seinem Blut ist sie getreulich errichtet zur Erbauung im Glauben heiliger Seelen.

4. Daher hat sie auch Arme, von welchen ein Glanz wie ein langer Ärmel vom Himmel bis zur Erde hernie-

derfließt und leuchtet. Das bedeutet machtvolles Wirken in den Priestern, welche in Reinheit ihres Herzens und ihrer Hände im Sakrament des Leibes und Blutes des Erlösers das hochheilige Opfer auf heiligem Altare in der Tugend guter Werke darbringen; das hellste Werk ist es, denen Barmherzigkeit zu tun, welche weitherzig immer jedem Schmerz Hilfe bringen mit sanftmütigem Herzen, Almosen an Arme erteilen und in vollendetem Herzen sprechen: »Es ist nicht mein Eigentum, sondern dessen, der mich erschaffen, weil dieses Werk von Gott eingegeben wurde«.

5. Der Leib der Gestalt aber ist wie ein Netz, das viele Löcher hat, durch welche eine große Menschenmenge geht. Das bedeutet die mütterliche Güte derer, welche geöffnet ist für die Gewinnung gläubiger Seelen, an welche die Völker glauben und durch den Glauben wahrer Rechtgläubigkeit fromm wandeln. Aber derjenige, der sein Netz auswirft zum Fischfang, ist mein Sohn, der sich die geliebte Kirche in seinem Blut angetraut hat, um den verlorenen Menschen von seinem Fall wieder zu heilen.

6. Sie hat keine Beine noch Füße, weil sie zur Vollendung ihres schönen Baues noch nicht geführt wurde, da sie ja zur Zeit der Verderbnis in ihren Gliedern feurige und blutige Bedrängnis grausamster Verkehrtheit zahllos leidet und durch dieses Unglück mit blutenden Wunden zur Vollendung geführt, schnell zum himmlischen Jerusalem eilt, um im Blute meines Sohnes in neuer Vermählung zu entsprossen.

7. Aber mit ihrem Leibe stand sie vor dem Altare, d. h. vor Gottes Angesicht, mit ausgestreckten Armen ihn umfassend. Denn sie ist immer schwanger und bringt ihre Söhne in wahrhaftiger Reinigung hervor

und bringt sie demütigst durch reinste Gebete der Gläubigen Gott dar.

8. Daher schaut sie mit ihren Augen scharf durch den ganzen Himmel, weil ihren Einblick, den sie demütigst in die himmlischen Dinge tut, keine Verkehrtheit verdunkeln kann, noch eine Überredung teuflischen Betrugs, noch ein Irrtum des die Pflicht verletzenden Volkes, noch die verschiedenen Erschütterungen auf der Erde, wo sinnlose Menschen in ungläubiger Wut grausam sich zerreißen.

9. Du kannst keine Gewänder an ihr erblicken, weil der menschliche Geist, mit geheimer Erkrankung und Gebrechlichkeit beschwert, nicht fähig ist, vollkommen zu schauen, wenn sie nicht mit hellster Klarheit ganz leuchtend von vielem Glanz umflossen ist, da ja die wahre Sonne mit hellster Eingebung des heiligen Geistes mit geziemender Tugend sie von allen Seiten übergießt.

10. Auf ihrer Brust schimmert gleichsam die Morgenröte mit rötlichem Glanz, weil in den Herzen der Gläubigen die Unversehrtheit der seligsten Jungfrau, den Gottessohn gebärend, mit glühendster Andacht leuchtet. Dort hörst du auch vielerlei Musik, von ihr selbst den Gesang gleich der rotschimmernden Morgenröte singen, weil jede Stimme der Gläubigen die Jungfräulichkeit der unverminderten Jungfrau mit voller Anstrengung in der Kirche umfassen muß.

11. Dieselbe Gestalt breitet aber ihren Glanz wie ein Gewand aus und will damit sagen, daß sie empfangen und gebären muß, weil in der Kirche das Geheimnis des wahren Bekenntnisses von der Trinität sich ausbreitet; weil ihr Obergewand zum Schutz der gläubigen Völker dient, in welchen sie aufsteht zur Er-

bauung der lebendigen Steine in der Quelle des reinsten Brunnens der Weißgewaschenen, wie sie es selbst bekennt, daß es nötig ist zum Heile, daß sie Söhne in Segensspruch empfängt und sie gebiert in der Abwaschung durch die Wiedergeburt des Geistes und Wassers.

12. Daher eilt ihr auch bald wie ein Blitz eine Engelschar entgegen, welche Stufen und Sitze in ihr für die Menschen bereiten, durch welche diese Gestalt vollendet werden muß, da über jedem Gläubigen ein schauervoller und liebenswerter Dienst der seligen Geister waltet, die den Aufstieg durch den Glauben und die Beseligung durch die vollkommene Ruhe den Gläubigen bereiten, in denen die beglückte Mutter Kirche selbst als die Führerin zu ihrem Ruhm erkannt wird.

13. Dann siehst du schwarze Kinder nahe der Erde in der Luft gleich Fischen plötzlich in den Leib der Gestalt durch Löcher eintreten (denen, die eintreten wollen, steht sie weit offen). Das bedeutet die Schwärze der törichten Menschen, die noch nicht abgewaschen sind im Heilsbrunnen; denn sie lieben das Irdische und laufen deshalb überall hin und gelangen endlich zur Mutter des Heils und beschauen die Würde ihrer Geheimnisse, erlangen ihren Segen, durch welchen sie dem Teufel entzogen und Gott zurückgegeben werden. Sie seufzt, indem sie sie aufwärts zieht, nämlich die, die aus ihrem Munde hervorgehen, wobei sie selbst unversehrt bleibt, da diese glückselige Mutter innerlich seufzt, wenn die Taufe mit Chrisma in der Heiligung des heiligen Geistes geweiht wird, damit der Mensch mit wahrhaftiger Beschneidung im Geiste und Wasser beginnt, und dieses muß nach Art der heiligen Dreifaltigkeit, welche das Haupt aller ist, dargebracht werden.

Ist er ein Glied Christi geworden, wenn er durch die Anrufung der hl. Dreifaltigkeit gleich wie durch den Mund der seligen Maria zum Heile wiedergeboren wird, dann leidet diese Mutter an keiner Verletzung mehr, da sie in Ewigkeit in der Unversehrtheit ihrer Jungfräulichkeit verbleibt, die der katholische Glaube ist. Denn sie ist geboren im Blute ihres Bräutigams, des wahren Lammes, welcher ohne einen Bruch der Unversehrtheit aus der unversehrten Jungfrau geboren wurde. So bleibt auch die Braut unversehrt, so daß kein Schisma sie verletzen konnte. Oft wird sie zwar von verkehrten Menschen belastet, aber durch die Hilfe ihres Bräutigams wird sie stets aufs kräftigste beschützt wie eine Jungfrau, welche oft in fleischlichen Begierden durch teuflische Kunst und vielerlei Verführungen seitens der Menschen bestürmt wird. Aber dennoch wird sie entschlossen befreit durch ihre Gebete, die sie zu Gott verrichtet, und bewahrt so ihre Jungfräulichkeit. So stritt auch die Kirche gegen die häßlichsten Verderber, d. h. gegen die Irrtümer der Häretiker sowohl wie gegen die der schlechten Christen und Juden, wie auch der anderen Ungläubigen, die jene anfeinden, indem sie ihre Jungfräulichkeit, den katholischen Glauben, zerstören wollen; sie widersteht ihnen jedoch mannhaft, um nicht verdorben zu werden, weil sie immer jungfräulich war und immer bleiben wird; sie bleibt im wahren Glauben immer jungfräulich entgegen allem Irrtum, wie auch die Ehre der keuschen Jungfrau in der Schamhaftigkeit ihres Körpers gegenüber aller Berührung der Wollust unversehrt geblieben war. Daher ist auch die Kirche die jungfräuliche Mutter aller Christen, weil sie im Geheimnis des heiligen Geistes sie empfängt und gebiert und Gott darbringt, so daß sie deshalb auch Gottes Kinder genannt werden. Und wie der hl. Geist die allerseligste Mutter überschattet hat, so daß sie schmerzlos und auf wunderbare Weise den Sohn Gottes empfing und gebar, und dennoch Jungfrau blieb, so erleuchtet auch der hl. Geist die Kirche, die glückliche Mutter der Gläubigen, und empfängt und gebiert ohne jegliche Verletzung auf einfachste Weise Kinder und bleibt dabei Jungfrau.

14. Wie Balsam aus dem Baume träufelt, und kräftigste Medizinen aus dem Salbendöschen ausfließen, und klarster Glanz aus der Kohle ohne ein Hindernis sich verteilt, so ist auch der Sohn Gottes ohne ein verderbliches Hindernis aus der Jungfrau geboren worden, und so zeugt auch die Kirche als seine Braut ohne eine Beimischung eines Irrtums ihre Kinder und bleibt jungfräulich in der Unversehrtheit des Glaubens.

15. Du siehst aber auch, wie jenes helle Licht und in ihm ein Menschenantlitz ganz in rotem Lichte brennend gleich der Vision, welche du früher schon gesehen hattest, dir wiederum erscheint. Das bedeutet die wahre Dreieinigkeit in der wahrhaftigen Einheit, nämlich den helleuchtenden Vater und im Vater seinen lieblichsten Sohn, welcher vor den Zeiten seiner Gottheit nach im Vater war, aber in der Zeit seinem Menschsein nach vom heiligen Geiste empfangen und aus der Jungfrau geboren wurde, wie es dir im Glanz wahrhaftiger Schau gezeigt wurde und dir auch jetzt zur Bekräftigung des Glaubens gezeigt wird. Denn die heilige Dreifaltigkeit erscheint bei der heiligen Taufe den Getauften bei geöffnetem Himmel, damit der gläubige Mensch ihren Glauben annimmt. Und den einzelnen zog sie das weißeste Gewand an und eröffnet ihnen den Zugang zum blendendsten Lichte und ermahnt sie in guter

Rede, weil die göttliche Macht, die Menschenherzen anblickend, im Taufbrunnen die Treulosigkeit ihrer Verbrechen barmherzig fortnimmt und jene Schandtaten hinauswirft vom Wege, welcher Christus ist. Denn nicht ist der Tod in Christus, sondern das Leben. Daher wandelten die Kinder, welche unter dem Leibe der Gestalt gingen, in sie umfließendem Glanz. Das ist so, weil diejenigen, deren Mutter die glückbringende Kirche ist, durch den Quell der hl. Taufe hervorgehen.

DIE VIERTE VISION: VON DER FIRMUNG.

Dann sah ich einen großen runden Turm, der ganz aus weißen Steinen bestand und an seiner Spitze drei Fenster hatte. Aus ihnen leuchtete solcher Glanz, daß auch das Dachgewölbe in jener Helligkeit zu erblicken war. Die Fenster selbst waren mit schönsten Smaragdsteinen geschmückt. Dieser Turm schien gleichsam mitten auf den Rücken der weiblichen Gestalt gelegt, und auch diese konnte wegen seiner Stärke nicht fallen. Dieser Turm ähnelte solchen, wie sie eine Stadtmauer krönen. Jene kindlichen Gestalten, die aus dem Leibe der weiblichen Figur hervorgingen, sah ich in großer Klarheit leuchten, denn manche von ihnen waren von der Stirne bis zu den Füßen in goldene Farbe gehüllt, andere waren nur hell, wieder andere entbehrten auch dessen. Einige von ihnen untersuchten den rein und klar leuchtenden Glanz, andere aber wanderten mit dem unruhigen und rötlichen Schimmer nach Osten. Die den rein und klar leuchtenden Glanz betrachteten, hatten zum Teil klare Augen und. starke Füße und schritten mutig in den Leib jener Gestalt. Die kranke Augen und Füße besaßen, wurden hier und dorthin vom Wind geschleudert. Aber sie hielten Stäbe in den Händen, drehten sich vor der Gestalt und schlugen sie zuweilen ein wenig. Es waren auch solche da, die heitere Augen und schwache Füße hatten; diese liefen vor der Gestalt hier und dorthin auseinander. Langsam bewegten sich jene vor der Gestalt, die kranke Augen, aber kräftige Füße hatten. Einige von ihnen betrachteten den unruhigen rötlichen Glanz, wieder andere gingen wohl geschmückt in die Gestalt hinein, andere enteilten ihr, ja griffen sie an und brachten ihre Einrichtungen in Unordnung. Mehrere solche kehrten bußfertig in Demut zu ihr zurück, andere blieben aber wegen ihrer Mißachtung in der sich überhebenden Verhärtung des Todes zurück. Wiederum hörte ich eine Stimme vom Himmel zu mir sprechen: »Die neue Braut ist geschmückt in der feurigen Glut des hl. Geistes und befestigt für die Vollendung ihrer Schar. So ist es auch mit dem gläubigen Menschen, der die Wiedergeburt im hl. Geiste und Wasser erlangt hat und durch die Salbung des himmlischen Lehrers geschmückt und bestärkt werden muß.

2. Der Turm bedeutet die lodernde Glut der Gaben aus dem hl. Geiste, welchen der Vater auf die Welt sandte aus Liebe zu seinem Sohne; dieser ließ sich auf die Herzen seiner Jünger gleich feurigen Zungen nieder, und sie wurden gestärkt im Namen der heiligen und wahrhaftigen Dreifaltigkeit. Durch seine Ankunft sind sie so stark geworden, daß sie vor keiner Strafe mehr zurückschreckten, sondern sie starkmütig ertru-

gen. Die Kraft dieses Turmes ist so groß, daß er die Kirche so sehr stärkt, daß keine Raserei teuflischer Wut sie überwinden kann.

3. Der Turm ist groß und rund, ganz besetzt mit weißen Steinen; denn unermeßlich groß ist die Wonne des hl. Geistes und reicht an alle Geschöpfe mit ihrer Gnade heran. Keine Verderbnis schwächt die Fülle ihrer Gerechtigkeit, denn sie gleicht einem Gießbach, die Ströme der Heiligkeit brechen in leuchtender Klarheit aus ihr hervor. Nie fand man in ihr eine Makel, weil der hl. Geist die brennende und leuchtende Klarheit selbst ist.

4. Was bedeuten die drei Fenster an der Spitze, die mit ihrem Glanz auch das gewölbte Dach des Turmes mit hellem Glanze erleuchten? Die unaussprechliche Dreifaltigkeit zeigt sich in der Ausgießung ihrer Gaben aus dem erhabenen hl. Geiste; aus dieser glückseligsten Dreieinheit geht der Glanz der Gerechtigkeit in der Lehre der Apostel hervor, damit die mächtigste Kraft der Gottheit, welche unbegreiflich in der Höhe ihrer allmächtigen Majestät herrscht, dem sterblichen Menschen offenkundig werde. Die Fenster haben herrlichsten Smaragdschmuck, weil die seligste Dreifaltigkeit in jugendlichster Kraft und Mühsal der Apostel niemals die träge Glaubensdürre gefühlt hat, wie es in der ganzen Welt offenbar ist. Weil nun die Kirche durch das Wehen des hl. Geistes so von ihnen gestärkt wurde, deshalb will sie auch und fordert es, daß ihre Söhne mit dem Zeichen des hl. Geistes in dieser Salbung geschmückt werden. Er kam in feurigen Zungen durch den Willen von Gott, dem Vater, in die Welt. Daher muß auch der Mensch nach der Taufe des Heils mit der Salbung des Lehrers gestärkt

werden, wie auch die Kirche auf einem festen Felsen aufgebaut ist.

5. Der Turm lagert sich mitten auf dem Rücken der weiblichen Gestalt und ähnelt einem Stadtturm; und die Gestalt konnte wegen seiner Schwere nicht fallen. Auch der hl. Geist hat in der höchsten Stärke der Menschwerdung jenes, der der wahre Bräutigam der Kirche ist, wunderbar seine Herrlichkeiten gewirkt. Die Kirche ist so stark in ihrer Verteidigung, daß sie nie wegen dieser Stärke, mit der sie von dem Feuergeist begabt wurde, in irgendeinen Irrtum fallen kann. Vielmehr wird sie stets durch himmlischen Schutz in der Liebe ihres Bräutigams ohne Fehl und Makel sich freuen.

6. Kinder siehst du den Leib der Gestalt unter großer Helligkeit betreten; dies sollen jene bedeuten, die in der Unschuld eines reinen Herzens durch den Bronnen der Wiedergeburt Kinder ihrer Mutter, nämlich der Kirche, geworden und als Kinder des Lichts nach der Abwaschung ihrer Sünden lebten. Einige von ihnen tragen von ihrer Stirn bis zu ihren Füßen eine goldene Farbe an sich, weil sie vom Anfange guter Werke bis zum Ende ihrer Heiligung durch die leuchtenden Gaben des hl. Geistes in der Salbung wahrer Gläubigkeit durch die Hand des Bischofs mit dem Chrisma geschmückt sind. Wie das Gold mit kostbaren Steinen ausgezeichnet wird, mit denen man es besetzt, so wird auch der geschmückt, der mit dem Chrisma durch die Hand des Bischofs in Treuem getauft wurde und nun in der Salbung der Taufe geschmückt erscheint.

7. Andere Kinder hatten nur einen goldenen Glanz, weil sie zwar in der Taufe abgewaschen und gereinigt wurden, nicht aber die Salbung mit Chrisma durch den

Bischof erlangten, die das Zeichen des heiligen Feuergeistes ist. Die Salbung zur Stärke durch die Gabe des hl. Geistes bleibt nur bischöflichem Amte vorbehalten, das dem gläubigen Volke nach der Wiedergeburt aus dem Wasser und Geiste zugewandt werden muß, wenn der gläubige Mensch auf dem festen Felsen gestärkt werden soll.

9. Einige dieser Kinderschar schimmern in reinem und hellem Glanz, andere aber wandten den unruhigen und rötlichen Schimmer nach Osten. Dies bedeutet, daß von den Söhnen der Kirche, welche sie in Unschuld durch Gottes Kraft hervorbringt, einige in Reinheit des geistlichen Lebens in heiterster Kraft glänzen, indem sie Irdisches zertreten und aus Liebe zur wahren Sonne in Erwartung sind, einige aber fleischliche Wege wandeln und durch mancherlei Laster verwirrt werden. Dennoch erglühen auch sie in rechtem Glauben und seufzen zum Ewigen, weil sie himmlische Vergeltung ersehnen. Die Betrachter des reinen und hellen Glanzes haben teils klare Augen und kräftige Füße. Mit Macht schreiten sie in den Leib der Gestalt; die Himmlischem nachfolgen, richten ihre Betrachtung und ihren Fortschritt auf die göttlichen Gebote und wandeln gleichsam in innigster Umarmung mütterlicher Liebe, weil sie weder in Vergänglichem noch in Irdischem ihre Hingabe sicher stellen. Andere sind krank an Augen und Füßen, weil sie weder eine klare Einstellung noch kraftvolle Ausführung des Werkes zur Vollkommenheit besitzen, deswegen werden sie auch jetzt vom Geist hier und dorthin geworfen, denn durch vielfache Versuchungen zur Überhebung werden sie zu verschiedenen Sitten verleitet. Sie halten Stöcke in ihren Händen und bewegen sich vor der Gestalt herum

und schlagen sie zuweilen ein wenig. Dies ist so, weil sie schändliches Vertrauen auf ihre eigenen Werke setzen, der Kirche sich in falscher Meinung zeigen, durch Verstellung weise erscheinen wollen vor den Menschen, töricht aber vor Gott in eitlem Ruhm sind. Andere haben heitere Augen, aber kranke Füße und wandeln hier- und dorthin in der Luft vor der Gestalt; mit den Augen erspähen sie die Gebote durch schauende Betrachtung. Die Füße hinken, und die Braut Christi sieht sie in ihrem unbeständigen Durcheinanderlaufen; sie suchen die Weisheit im Schatten und glauben sie schon unter ihrer Macht zu haben, bevor sie in ihren Geist einging, und sie irgendwie ihrer mächtig sind. Wieder andere besitzen kranke Augen, aber kräftige Füße und schwanken dennoch vor der Gestalt, weil ihre Einstellung auf das gute Werk gar schwach ist. Sie eilen nicht einfältigen Herzens in den kirchlichen Einrichtungen, weil sie ihren Geist mehr an das Irdische als an das Himmlische heften. Sie gelten töricht vor Gott, weil sie mit weltlicher Klugheit begreifen wollen, wozu sie nicht gelangen können. Die Betrachter jenes unruhigen rötlichen Glanzes sind zum Teil weltlich geschmückt und wandeln kraftvoll daher. Obwohl sie mancherlei irdisches Gut besitzen, so tragen sie dennoch ebenfalls in der Kirche den Schmuck ihrer Mühen, da sie es nicht verschmähten, ihren Fuß im göttlichen Gesetz gerade wandeln zu lassen und nehmen gehorsam den Geboten Gottes Fremdlinge auf, kleiden Nackte und nähren Hungrige. Es gibt aber auch solche, die sich von der Gestalt losreißen und sie sogar bestürmen samt ihren rechtmäßigen Einrichtungen. Diese haben die mütterliche süße Nahrung der Kirche verlassen und ermüden sich in verschiedenem Irrtum.

Deshalb zerstören sie die aufgestellten Gesetze durch vielfältigen Angriff. Sie kehren erst demütig zu der Gestalt zurück, nachdem sie würdige und schwere Buße zur Wiederherstellung des Lebens auf sich genommen haben. Andere verharren aber aus Mißachtung in der Überhebung, die zum Tode führt.

DIE FÜNFTE VISION: VON DEN DREI STÄNDEN.

Darauf sah ich, daß die weibliche Gestalt wie ein weißer Glanz gleich Schnee war, wie ein durch und durch leuchtender Kristall, der sie vom Scheitel bis zum Halse umgab. Vom Halse bis zur Mitte umfloß sie ein anderer rötlicher Schimmer, welcher sie vom Halse bis zu ihrer Brust rötlich wie die Morgenröte umfloß. Von der Brust aber bis zur Mitte leuchtete sie wie Purpur. Wo sie wie die Morgenröte glänzte, breitete sie ihre Helligkeit aufwärts zu den Geheimnissen des Himmels aus, und die schöne, mädchenhafte Gestalt erschien nackten Hauptes mit schwarzen Haaren und rotem Gewand bekleidet zu sein, welches um ihre Füße floß. Eine Stimme sprach vom Himmel zu mir: »Diese ist die Blüte im himmlischen Sion, die Mutter und Rosenblüte und Lilie der Täler. Blüte, die du dem höchsten Königssohn verlobt sein wirst, dem du ein rühmliches Geschlecht zeugst.« Um dieses Mädchen sah ich eine ganz große Schar von Menschen stehen, die leuchtender als die Sonne waren;

sie waren alle wunderbar mit Gold und Edelsteinen geschmückt. Einige von ihnen trugen das Haupt verhüllt mit weißen Tüchern und goldenen Gürteln. Über ihren Häuptern zeigte sich das Abbild der unaussprechlichen Dreifaltigkeit, wie ich sie schon figürlich früher gesehen hatte. Die hl. Dreifaltigkeit schien wie in einer ausgemeißelten Sphäre in Schleiern und auf ihrer Stirn das Lamm Gottes, auf dessen Hals das Bild eines Menschen ist, auf dem rechten Ohr ein Cherubim, auf dem linken ein anderer Engel. Unter ihnen erschienen auch andere, welche eine Binde auf ihren Häuptern und einen bischöflichen Mantel um ihre Schultern trugen. Aber unter diesem Glanz, durch welchen sie wie die Morgenröte leuchteten, sah ich zwischen Himmel und Erde tiefstes Dunkel, das so schrecklich war, daß die menschliche Zunge es nicht aussprechen kann. Die Stimme sprach vom Himmel: »Wenn Gottes Sohn nicht am Kreuze gelitten hätte, würde diese Finsternis es keinem Menschen gestatten, zum Himmelreich zu gelangen.« Wo aber der Mensch wie purpurn schien, brannte die weibliche Gestalt heftig. Ein anderer Glanz aber umgab sie wie eine weiße Wolke von der Mitte aufwärts, umspielte sie aber noch nicht weiter. Diese drei Schimmer ergossen sich ausbreitend um die Gestalt und zeigten mehrere Stufungen in ihr gut und geziemend. Als ich dies sah, erfaßte mich allzu großer Schrecken, und die Kräfte verließen mich, so daß ich zu Boden stürzte und keine weitere Antwort geben konnte. Und siehe! Eine große Helligkeit berührte mich wie mit einer Hand, und ich erhielt meine Kräfte und Stimme zurück. Und wieder hörte ich eine Stimme zu mir sprechen: »Dies sind die großen Geheimnisse. Ich bildete die Sonne, um am Tage zu leuchten; Mond und Sterne als Leuchten für die Nacht. Die Sonne aber bezeichnet meinen Sohn, der aus meinem Herzen hervorging und die Welt erleuchtete, als er geboren wurde aus der Jungfrau zur Fülle der Zeiten, so wie die aufgehende Sonne die Welt erhellt, wenn sie sich gegen Ende der Nacht erhebt. Der Mond bedeutet die Kirche, welche meinem Sohne in wahrer und überirdischer Vermählung angetraut wurde. Und wie der Mond immer Wachstum und Abnehmen in sich trägt, aber nicht aus sich selbst brennt, wenn er nicht von der Sonne entzündet wird, so ist es auch mit der Kirche in ihrer Bewegung; denn ihre Kinder schreiten oft im Erstarken der Tugenden voran und fehlen häufig in ihren Sitten und im Bösestun«.

2. Du siehst auch, daß die weibliche Gestalt ein weißer Glanz wie Schnee und leuchtendster Kristall vom Scheitel bis zum Halse umgibt, weil die apostolische Lehre die Kirche der Gläubigen unversehrt und als Braut des Sohnes Gottes umwallt; diese Lehre, welche seine reinste Menschwerdung vorherverkündet hat. Er stieg vom Himmel in den Leib der Jungfräulichkeit und ist der stärkste und leuchtendste Spiegel aller gläubigen Menschen. Die apostolische Lehre umfloß die Kirche im Haupte, als die Apostel zuerst durch ihre Predigt sie zu erbauen begannen. Nämlich als sie durch verschiedene Stätten eilten, um Mitarbeiter zu sammeln, die die Kirche im katholischen Glauben stärkten. Sie sollen sich so in ihrem Lebenswandel bezeigen, daß meine Schafe keinen Anstoß an ihren Werken nehmen, sondern ihnen recht nachfolgen können. Sie haben dieses Amt inne, um offenkundig die Lebensspeise dem Volke

darzureichen und jedem einzelnen den getreuen Dienst geziemend spenden, sich selbst aber so bezähmen, daß sie nach keiner fleischlichen Bindung streben. Denn sie sollen eine geistige Speise den Gläubigen gewähren und ein unbeflecktes Opfer Gott darbringen, wie es im unschuldigen Abel vorgebildet ist.

3. Was bedeutet das? Im Beginn der Zeit leuchtete königlich die Heiligkeit in dem auf, der ohne Schuld in seinem Leben war. Diese Gabe des allmächtigen Gottes berührte mehr den Himmel als die Erde. Wieso? Abel brachte in seiner Reinheit Gott die Absicht seines Willens und den vollen Dienst desselben dar, als er darüber nachsann in seinem Herzen, ihm die Erstlingsgabe zu schenken und dies im vollkommenen Werk auszuführen. So ehrte der Getreue seinen, himmlischen Vater und erwies ihm die schuldige Ehre. Wie Abel für seine Herde sorgte, sie weidete, bewachte und darauf bedacht war, Gott von dem Besten zu opfern.

4. Du siehst noch einen anderen Glanz wie rötliche Farbe vom Halse bis zur Mitte die Gestalt umgeben, das ist so, weil nach der Lehre der Apostel die Kirche so befestigt ist, daß sie es wahrlich vermochte, die Heilsspeise zu unterscheiden und sie für ihre innere Stärke umzuwandeln. Sie leuchtet von der Brust bis zur Mitte purpurn, weil sie sich durch vornehmste Erziehung zur Beherrschung innerer Keuschheit durch das Leben meines Sohnes befestigt, ihn nachahmend wegen seiner Liebe, die er für sie im Herzen trug.

5. Die schöne Mädchengestalt erscheint unbedeckten Hauptes und mit schwarzen Haaren. Das ist die ganz heitere und frei von jedem Schmutz menschlicher Begierden unschuldige Jungfräulichkeit, deren Geist

bloß ist von verdorbener Fessel. Sie ist mit einem roten Gewand, welches ihre Füße umfließt, bekleidet, weil sie im Schweiße mühevoller Tugenden bis zum Ende der Vollendung ausharrt, jenen somit nachahmend, der voll Heiligkeit ist. Was dir im verborgenen himmlischen Lichte gezeigt wird, ist der edelste Keim im himmlischen Jerusalem: nämlich die Herrlichkeit und Zier jener, welche aus Liebe zur Jungfräulichkeit ihr Blut vergossen haben und im Glanz der Demut ihre Jungfräulichkeit für Christus bewahrten und nun in süßem Frieden ausruhen. Denn sie ist dem Sohn des allmächtigen Gottes, des Allkönigs, verlobt und brachte eine hochedle Schar hervor, den vornehmsten Chor der Jungfrauen.

6. Um das Mädchen siehst du sehr viele Menschen stehen, die heller leuchten als die Sonne und alle wunderbar mit Gold und Juwelen geschmückt sind. Dem ist so, weil besonders der Chor der Jungfrauen die edle Jungfräulichkeit mit heißesten Umarmungen ergreift. Sie haben sich mißachtet und den Tod mannhaft besiegt. Deshalb sind einige von ihnen verhüllten Hauptes und mit Schleiern, deren Rand aus Gold ist, bekleidet. Leuchtend in der Glorie der Jungfräulichkeit, zeigen sie, die die Zier der Jungfräulichkeit erstreben, daß sie ihren Geist von aller schädlichen Hitze hüten und die blendende Unschuld getreulich ergreifen müssen. Über ihren Tugenden erscheint das Abbild der unaussprechlichen Dreifaltigkeit; sie erscheint in einer Sphäre mit Schleiern, denn die Gedanken der Menschen müssen die Ehre der himmlischen Dreifaltigkeit (wie es dir im Mysterium wahrheitsgetreu vorhergezeigt wurde) im Ergreifen der Liebe und beständiger Keuschheit fest

und tapfer halten. Auf ihren Stirnen das Lamm Gottes, auf ihrem Halse das Bild eines Menschen, auf ihrem rechten Ohr ein Cherubim und auf dem linken ein anderer Engel bedeutet, daß sie aus Ehrfurcht vor ihrer Keuschheit die Sanftmut von Gottes Sohn nachahmen sollen, ablegend die Leichtfertigkeit und sich als gebrechliche Menschen betrachten, und auch wenn es gut um ihren Ruf steht, wahres und festes Wissen umfassen; denn auch von dem Abbild der Herrlichkeit der himmlischen Dreieinigkeit dehnt sich zu ihnen ein goldener Strahl aus, weil die unaussprechliche Dreifaltigkeit die gläubigen Menschen, welche die Tugenden suchen und teuflische Verführung fliehen, nicht verläßt, um die Wundertaten der Geheimnisse ihrer tiefen Weisheit zu wirken. Unter diesen erscheinen welche mit Bändern auf ihren Häuptern und dem Bischofsmantel um ihre Schultern, denn unter jenen, welche in der Ehre der Jungfräulichkeit blühen und auch in der himmlischen Stadt sind, befinden sich solche, welche die Würde der alten Väter und die Herrlichkeit höheren Dienstes in der Welt starkmütig trugen, dennoch die Zier der Jungfräulichkeit nicht verloren haben. Daher sind auch alle jene, welche unter Seufzen für die himmlische Liebe sich unversehrt bewahrten, im himmlischen Sion.

7. Was bedeutet das? In den Gläubigen, welche mit Gottes Absicht die Keuschheit umfingen und ihre Jungfräulichkeit aus Liebe zu Gott unversehrt hielten, bricht der gute Wille zum Lobe ihres Schöpfers wunderbar hervor. Denn in der Morgenröte der Jungfräulichkeit, welche dem Sohn Gottes immer nahe ist, bleibt das stärkste Lob verborgen, welchem kein Dienst auf Erden noch irgendein Gesetzesbund zu widerstehen vermag.

Aber dann hörte man staunend neue Weisen. Das neue Geheimnis hallte im Himmel zur Ehre der Jungfräulichkeit wieder und wurde erkannt vor der Majestät Gottes.

8. Unter diesem Glanze, wo er selbst wie die Morgenröte leuchtet, siehst du zwischen Himmel und Erde dichteste Finsternis erscheinen, welche schrecklicher ist als die menschliche Zunge es auszusprechen vermag. Dies ist so, weil bei der jungfräulichen Herrlichkeit von geistiger und fleischlicher Einsicht der Fall der ersten Eltern, welcher ganz tief im Aufleuchten von Treulosigkeit war, offenkundig erkannt wurde, so daß jene Schrecken kein Mensch erläutern kann. Wieso? In der Menschwerdung von Gottes Sohn, aus der Jungfrau geboren, stieg himmlisches Begehren auf, und die irdische Begierlichkeit wurde ausgeschlossen; weil die Übertretung Adams durch das Blut eben dieses Sohnes Gottes wunderbar in Heil umgewandelt worden ist.

9. Wo du aber einen purpurnen Glanz aufblitzen siehst, der die weibliche Gestalt verbrennt, bedeutet es die Vollendung jener, die das Leiden meines Sohnes in Liebesglut nachahmend, kräftig die Kirche in ihrem Bau schmücken.

10. Und ich sage: weder das jungfräuliche Geschlecht noch welche sie nachahmen, stehen unter dem Gebot des Gesetzes, wie auch die Propheten nicht von den Menschen unter fleischliches Gesetz gestellt wurden. Die apostolische Lehre wurde im Evangelium durch meinen Sohn niedergelegt, als seine Jünger in die ganze Welt ausgesandt wurden, um die Wahrheit auszubreiten. Durch die Verkündigung des Heilsweges durch die Apostel an das Volk erhob sich die leuchtende Morgenröte der Töchter Sions in der Liebe zu meinem

Sohn, nämlich jener, welche ihr Fleisch tapfer bezähmten und hartnäckig die böse Begierlichkeit in sich ertöteten. Es bildete sich der sehr liebliche Stand besonderer Hingabe, die den Eingeborenen nachahmte, welche meine gerechten Tempel sind, weil sie mich wie Engelchöre verehren und aus Liebe den Tod und das Begräbnis meines Sohnes an ihrem Körper tragen.

11. Daher gleicht auch ihre Kleidung nicht der anderer Völker, weil sie züchtig die unversehrte Menschwerdung meines Sohnes, die ganz anders ist als die Geburt anderer Menschen, zeigt. Denn die Gesetzesvorschrift des Mannes und der Frau berührte nicht diese Menschwerdung, wie auch dieses Volk durch kein Gesetz zu dieser Beherrschung gezwungen werden kann, sondern wer aus Gottesliebe mit seinem Willen es gelobend wandelt, wird in ihr verweilen, um nicht rückwärts zu stürzen wie Luzifer, der das Licht verließ und von der Finsternis aufgenommen wurde. Dieser Art nämlich umwallt das Gewand gemäß dem Leuchten der himmlischen Geister mit feinen Flügeln und bezeichnet die Menschwerdung und das Begräbnis meines Sohnes. Dehn das Zeichen der Menschwerdung trägt der an seinem Gewand, der sich zum strengsten Gehorsam hingibt, und er trägt auch das Zeichen des Begräbnisses auf seinem Gewand, wer in gerechten Werken Zeitlichem absagt. Wer es durch Anrufung des hl. Geistes unter Segenssprüchen empfängt, soll es nicht abwerfen, denn wer es abwerfen wollte, durch Verweilen im Bösen, mit dem wird geschehen wie einem, der den englischen Stand verschmähte und tot zusammenbricht. Wie nach dem ersten Tageslicht die Morgenröte der Sonne erschaut wird, so ist dieser Stand nach den Stimmen der Apostel entstanden.

12. Das erste Tageslicht bedeutet die getreuen Worte der apostolischen Lehre, die Morgenröte den Beginn des Wandels, welcher zuerst in der Einöde und in den Höhlen aufblühte; die Sonne aber bezeichnet den gemäßigten und wohl geregelten Weg, den mein Diener *Benediktus* wies, den ich selbst durch glühendes Feuer führte, ihn belehrend durch das Gewand seines Wandels, die Menschwerdung meines Sohnes zu verehren und im Verwerfen des Eigenwillens sein Leiden nachzuahmen; denn Benediktus ist ein zweiter Moses, der in einer steinernen Höhle lag und seinen Körper rauh aus Liebe zum Leben kreuzigte und bezwang, wie auch der erste Moses auf steinernen Tafeln nach meinem Willen ein rauhes und hartes Gesetz den Juden gab. Wie aber mein Sohn dieses Gesetz durch die Süße des Evangeliums durchbohrte, so hat auch mein Diener Benediktus die Lebensweise dieses Ordens, weil es vorher keine einheitliche gab, durch die süße Eingebung des hl. Geistes zu einem gemäßigten und geraden Weg gestaltet und dadurch eine überaus zahlreiche Schar seines Ordens gesammelt, wie auch mein Sohn durch die Milde seines Duftes sich das christliche Volk verband. Daher beeinflußte der hl. Geist die Herzen seiner Auserwählten, die seufzten nach dem Leben, daß sie, wie im Taufbrunnen die Verbrechen des Körpers abgewaschen werden, in der Bezeichnung meines Sohnes an ihrem Leibe die irdischen Güter forttaten. Wieso? Wie der Mensch von der teuflischen Macht in der heiligen Taufe gewandelt wird und die alten Befleckungen von sich tut, so verleugnen auch diese das Irdische in ihrem Gewand, in welchem sie auch ein englisches Zeichen an sich tragen. Diese will ich als Beschützer meines Volkes bestellt wissen.

13. Du siehst noch einen anderen Glanz wie eine weiße Wolke die weibliche Gestalt ehrbar umgeben, welcher von der Mitte abwärts dennoch sich noch nicht ausbreitet. Um die Mitte herum ist das Zentrum der Geister, von wo das Menschengeschlecht geschaffen wird. Wenn die Weltmenschen das Gesetz Gottes, das ihnen gegeben wurde, treu beobachten, so wird die Kirche am meisten ausgezeichnet, und sie umfangen Gott mit vielen Umarmungen, wenn sie in aufrichtiger Demut und Hingabe ihren Lehrern gehorchen und durch Almosen, Nachtwachen und Enthaltsamkeit, auch durch Witwenstand und andere gute Werke ihren Leib aus Liebe zu Gott züchtigen.

14. Weder der Gatte soll seine Gemahlin noch diese ihren Gemahl verlassen, außer wenn beide es wollen. Entweder sollen beide in der Welt bleiben oder beide sich von ihr trennen; denn wird dies unklug und unüberlegt getan, dann muß es nicht Opfer sondern Raub genannt werden. Daher sollen diejenigen, die in fleischlicher Bindung sich durch eine Rechtsbindung aneinander geschlossen haben, einmütig zusammen leben und sich nicht ohne Zustimmung des anderen, noch ohne kirchliche Einwilligung unklug trennen.

15. Gott hat im Geheimnis seiner Weisheit die Verbindung des Mannes und der Frau zur Ausbreitung der Menschen gnädig eingesetzt.

16. Wie du siehst, fließen die drei Schimmer um die Gestalt weit auseinander. Weil die drei genannten kirchlichen Stände überall die glückliche Kirche in der Ausbreitung ihrer hervorbrechenden Keime und wie selige Tugenden wunderbar umarmend befestigen, daher zeigen sie auch sehr viele Abstufungen in ihr, gut und geziemend geordnet.

17. Wie aber in drei Personen ein Gott ist, so ist auch nur eine Kirche in diesen drei Ständen, deren Gründer jener ist, der alles Gute pflanzte, alles was er nicht pflanzte, kann nicht bestehen. Das ist dort, wo geringerer Stand über den höheren sich erheben zu bestrebt ist, entgegen meinem Willen, gleich als ob die Engel sich über die Erzengel erheben wollten.

18. Wer auf geringerer Stufe steht, kann zur höheren aufsteigen; wer aber höher steht, darf sich nicht abwärts neigen. Was bedeutet das? Denn die Vorsteher können zu Führern werden, die Führer aber Könige werden. Nicht aber geziemt es sich für Könige, zum Führerstand herunterzusteigen, noch den Führern, wieder Vorsteher zu werden. Unterwerfen sich nämlich die Könige den Führern oder die Führer den Vorstehern, so würde dieses Volk aufrührerisch genannt und verlacht werden. Wenn der höhere Stand unter den niederen fällt, so gehen beide zugrunde. So geht es auch mit jenem, der seinen geraden Weg verläßt und rückwärts bleibt.

19. Aber auch die kirchlichen Stände gehen auf zwei Wegen, dem geistlichen und weltlichen. Die geistlich Wandelnden sind wie der Tag, die Weltlichen wie die Nacht, sie, die ihr Leben zeitlich eingestellt haben. Der Tag genießt das Sonnenlicht und hat helle Luft. Die Nacht aber hat das Licht des Mondes mit den Sternen und das schattenhafte Dunkel für sich. Wer aber die Nacht der Welt verließ und sich zum Tag geistlichen Wandels aus Liebe zum Leben kehrte, sei beständig in seiner Tat, damit er nicht bei einem Rückfall wie Adam, der das Lebensgesetz überschritt, in weltlichen Kummer hinausgestoßen werde. Daher soll niemand übereilt die Welt verlassen und mein Bündnis

verwegen schließen, wenn er nicht dazu nach längerer Prüfung angetrieben wurde. Ich will nicht, daß der meinen Sohn verläßt, der meinen Sohn zuerst durch ein besonderes Gewand anzog. Wer seine Menschwerdung sich anzog, nehme auch das Kreuz in seine Hände.

DIE SECHSTE VISION: VON DER EUCHARISTIE UND BUSSE.

Hierauf sah ich den Sohn Gottes am Kreuze hängen, und die weibliche Gestalt schritt wie ein heller Glanz näher heran und wurde durch göttliche Macht zu ihm geführt. Sie wurde von dem Blute, das aus seiner Seite floß und sich in die Höhe hob, übergossen, ward durch den Willen des himmlischen Vaters in glückseliger Verlobung mit ihm verbunden und beschenkt mit seinem edlen Fleisch und Blut. Und ich hörte ihm vom Himmel eine Stimme zurufen: »Diese, o Sohn, sei deine Braut, um mein Volk wiederherzustellen, dessen Mutter sie sein soll, indem sie die Seelen durch die Erlösung im Geiste und Wasser wiedergebiert.« Und während diese Gestalt in ihren Kräften so fortschritt, sah ich eine Art Altar, zu dem sie oft hinzutrat, ihre Gaben fromm besah, sie dem himmlischen Vater und seinen Engeln demütig zeigte. Auch näherte sich dann ein Priester in heiligen Gewändern dem Altar, um das göttliche Sakrament zu feiern. Und ich sah plötzlich ein sehr heiteres Licht mit Engeln vom Himmel kommen, das den Altar umglänzte und so lange blieb, bis der Priester die sakramentale Feier beendet hatte und den Altar verließ. Nach der Verlesung des Friedensevangeliums dort und nachdem die zu konsekrierende Opfergabe auf den Altar gestellt worden war, sang der Priester das Lob des allmächtigen Gottes: »Heilig, heilig, heilig ist der Herr, Gott Sabaoth« und begann so die Geheimnisse des unaussprechlichen Sakramentes, als sofort vom offenen Himmel unermeßliche Klarheit über die Opfergabe herniederstieg und sie ganz mit ihrer Klarheit übergoß, so wie das Sonnenlicht das Ding erleuchtet, das es mit seinem Strahl durchbohrt. Und während das Licht sie so bestrahlte, hob es diese unsichtbar zu den Geheimnissen des Himmels empor und senkte es wieder auf den Altar hernieder, wie der Mensch seinen Atem einzieht und wieder ausstößt, so geschah mit dem wahren Fleisch und wahren Blut, das dem Menschen wie Brot und Wein erschien. Als ich dies anschaute, erschien mir auch sogleich wie in einem Spiegel das Zeichen der Geburt, des Leidens, des Begräbnisses, der Auferstehung und Himmelfahrt unseres Erlösers, des Eingeborenen Gottes, wie auch, da der Sohn Gottes in der Welt war, alles in ihm erfüllt war. Als der Priester den Gesang vom unschuldigen Lamm: »Lamm Gottes, das hinwegnimmt die Sünden der Welt« sang und sich anschickte, die hl. Kommunion zu empfangen, zog sich der Feuerglanz zum Himmel zurück. Und ich hörte aus dem verschlossenen Himmel eine Stimme rufen: »Esset und trinket den Leib und das Blut meines Sohnes, um Evas Übertretung zu tilgen, damit ihr in die richtige Erbschaft wieder eingesetzt werdet!« Und als nun die Menschen sich dem Priester näherten, um das Sakrament zu empfangen, konnte ich fünf verschiedene Gruppen unter ihnen beobachten. Die ersten hatten leuchtende Körper und brennende Seelen. Andere schienen bleiche Körper und eine dunkle Seele zu haben. Wieder andere waren behaart, und ihre Seele war beschmutzt von unreiner menschlicher Befleckung. Der anderen Körper war wie mit Dornen besetzt, und ihre Seele schien aussätzig. Schließlich wieder andere trugen Blut an ihrem Körper, und ihre Seele erschien wie ein faulender Leichnam. Sie alle empfingen das Sakrament, während einige von einem feurigen Glanz umgössen wurden, wurden andere von einer dunklen Wolke überschattet. Als nach der Feier des Sakramentes der Priester vom Altare fortschritt, wurde das heitere Licht, das, vom Himmel kommend, den ganzen Altar umglänzt hatte, wieder zu den himmlischen Geheimnissen emporgezogen. Da hörte ich wieder eine Stimme von Himmelshöhen mir zurufen: »Als Jesus Christus, der wahre Gottessohn, am Holze des Leidens hing, wurde ihm die Kirche geheimnisvoll in himmlischen Mysterien verbunden und ward beschenkt mit seinem purpurnen Blut.« Das zeigt sie, da sie oft zum Altare schreitet und ihr Brautgeschenk zurückverlangt, und mit welcher Andacht ihre Söhne die göttlichen Mysterien empfangen, betrachtet sie sorgfältigst.

2. Daher siehst du den Sohn Gottes am Kreuze hängen, und wie die weibliche Gestalt einem leuchtenden Glänze gleich, aus dem alten Ratschluß hervorgehend, durch göttliche Macht zu ihm geführt wurde, weil durch die Erhöhung des unschuldigen Lammes auf dem Kreuzaltare für das Heil der Menschen die Kirche in der Reinheit hell strahlenden Glaubens und der übrigen Tugenden plötzlich durch tiefstes göttliches Geheimnis

am Himmel erscheint und durch höchste Majestät dem eingeborenen Sohne Gottes verbunden wurde. Was heißt das? Als aus der verwundeten Seite meines Sohnes Blut herausströmte, war die Erlösung der Seelen wirklich geworden. Jene Herrlichkeit, die dem Teufel und seinen Gefährten nicht mehr zustand, wurde dem Menschen gegeben, als mein Eingeborener den Tod am Kreuze in der Zeit erlitt, und er die gläubigen Seelen von der Hölle befreite und zum Himmel führte. In seinen Schülern und allen, die ihm aufrichtig nachgefolgt waren, begann der Glaube sich noch zu vermehren lind zu stärken, damit sie Erben des Himmelreiches würden. Darauf wurde jene Gestalt mit dem Blute, welches aus seiner Seite floß und sich aufwärts erhob, übergössen und ihm durch den Willen des himmlischen Vaters in segensvoller Verlobung verbunden, weil sie durch die Leidenskraft des Gottessohnes heftig überströmt zur Höhe der himmlischen Geheimnisse sich wunderbarerweise erhob, wie der Duft guter Spezereien nach oben verströmt; die Kirche ward so aus weißschimmernden Erben des ewigen Lichts gestärkt und dem Eingeborenen Gottes auf Anordnung des himmlischen Vaters getreulich verbunden. Wie die Braut ihrem Bräutigam durch die Gabe der Unterwerfung und des Gehorsams Untertan ist und das Geschenk der Fruchtbarkeit mit der Liebe des Bündnisses von ihm zur Erzeugung von Kindern annimmt, um sie zu ihrem Erbteil zu führen, so ist auch die Kirche dem Sohne Gottes in Demut und Liebe verbunden und geleitet sie zum Himmel, nachdem sie durch die Wiedergeburt aus dem Geiste und Wasser zur Erlösung der Seelen die Wiederherstellung des Lebens annahm. Mit seinem Fleische und Blute ward sie hochedel beschenkt. Der eingeborene Sohn Gottes selbst gab seinen Leib und sein Blut in größter Herrlichkeit seinen Gläubigen, die die Kirche und die Söhne der Kirche sind, auf daß sie das Leben der himmlischen Stadt durch ihn besitzen.

2. Die Gestalt schreitet oft zum Altar, wo sie ihre Gabe demütig betrachtend dem himmlischen Vater und seinen Engeln zeigt, weil die Kirche sich vergrößert an seligsten und stärksten Tugenden, durch Eingebung des hl. Geistes.

3. Du siehst auch, wenn der Priester mit den hl. Gewändern bekleidet an den Altar tritt, um das göttliche Sakrament zu feiern, daß plötzlich ein großes heiteres Licht mit Engelsgefolge vom Himmel kommt, das den ganzen Altar umglänzt; der Seelenanwalt hat sich mit heiligem Gürtel umwunden und naht sich dem lebenspendenden Tisch zur Opferung des unschuldigen Lammes. Sofort vertreibt große Helligkeit der himmlischen Erbschaft das dichte Dunkel, es erglänzt mit der Sendung der himmlischen Geister aus dem Himmelsgeheimnis. Die Kirche fordert durch die Stimme des Priesters ihre Gabe zurück, welche der Leib und die Vergießung des Blutes meines Sohnes ist, damit sie für das Heil der Seelen zu glücklicher Zeugung geeignet sei, denn durch die Vergießung des kostbaren Blutes erhielt sie Zuwachs in großer Menge, und ich, das nicht abnehmende Licht, bestrahle den Ort der Heiligung zur Ehre des Leibes und des Blutes meines Eingeborenen mit meiner Heiligkeit.

4. Wenn der Priester anfängt, mich bei der Heiligung des Altares anzurufen, damit ich schaue, daß mein Sohn Brot und Wein bei seiner Todesmahlzeit mir dargebracht hat, als er aus der Welt ging, so sehe ich

jetzt, was mein Sohn selbst in seiner Leidens stunde mir zeigte, als er am Kreuzesholz starb, indem er mir zeigte, daß sein Leiden stets vor meinem Angesichte und es nicht bei meiner schärfsten Schau zu zerstören sei, so oft mir die glückbringende Opfergabe des hochheiligen Opfers durch priesterliches Amt dargebracht wird. Er selbst brachte mir bei der Vergießung seines Blutes das Brot und den Kelch dar, trieb den Tod von dannen und richtete den Menschen wieder auf.

5. Und du siehst, daß die Heiterkeit am Altare so lange andauert, bis das Sakrament beendet und der Priester den Altar verläßt. Sind die Mysterien des hochheiligen Dienstes beendet, dann möge jener, der der Verwalter jener Geheimnisse ist, nachdem er sich vom Opfer zurückgezogen hat, in seinem Innern die Geheimnisse ausgestalten.

6. Nach Verlesung der Botschaft des Friedens und nachdem die zu konsekrierende Opfergabe auf den Altar gelegt wurde, und der Priester den Lobgesang des allmächtigen Gottes: »Heilig, heilig, heilig ist der Herr Gott Sabaoth« gesungen hat, und damit die Geheimnisse des unaussprechlichen Sakraments begannen, steigt plötzlich ein feuriges Leuchten von nicht zu beschreibender Helligkeit vom geöffneten Himmel über die Opfergabe herab, denn durch die Kraft des lebendigen Hauches, die hervorgebracht wird durch die Liebe des Königs und die Frucht der Kraft des Lebens (Gott Sohn), die durch die Heiligung der Konsekration verklärt werden muß, und die den Wänden des Gebäudes Gottes aufgelegt ist, indem eben jener Bote der Wahrheit den süßen Klang zum Lobe des Schöpfers aller Dinge das Heer desselben Herrschers nach dreimaliger Anrufung seiner Salbung (des hl. Geistes) aus-

sendet, damit beginnt er die Geheimnisse des Glanzes der Morgenröte, nämlich des aus der Jungfrau geborenen Sohnes Gottes. Nunmehr neigt sich die Güte der unbegreiflichen Majestät über die Geheimnisse des hochheiligen Sakramentes, nachdem sich das helleuchtende Zelt geöffnet hat und durchdringt sie ganz mit seiner Klarheit, wie das Sonnenlicht irgendeinen Gegenstand erhellt, den es mit seinen Strahlen durchdringt. Denn die hochheilige Wärme durchdringt den rötlich schimmernden Kreis der Opfergabe so in der Kraft des Vaters, wie die strahlende Helligkeit einen Gegenstand durchdringt, auf dem sie ruht, und über den sie sich ausgießt. Die Braut meines Sohnes opfert Brot und Wein auf meinem Altar in demütigster Gesinnung. Durch die Hand ihres Priesters mahnt sie mich mit gläubiger Erinnerung, daß ich die Opfergabe in das Fleisch und Blut meines Sohnes verwandeln möge.

7. Während die gesagte Helligkeit jene Opfergabe so bestrahlt, hebt sie sie unsichtbar zu den Geheimnissen des Himmels. Dann läßt es sie wieder auf den Altar heruntergleiten, gleichsam als wenn der Mensch seinen Atem einzieht und wieder herausläßt. So ist diese Opfergabe zum wahren Fleisch und Blut geworden, wenn es auch den Menschen wie Brot und Wein erscheint, denn wie beim wahrhaftigen Gott keine Täuschung ist, so ist auch jene Erhabenheit des Sakramentes unerschütterlich fest. Wie das blinde Auge Gott nicht vollkommen sehen kann, so vermag auch der Mensch diese Geheimnisse, weil er körperlich ist, nicht anzublicken. Die Helligkeit, welche über dem Leichnam des Sohnes Gottes im Grabe erschien und ihn vom Todesschlaf auferweckte, die ist es auch, die auf dem Altare über dem Sakrament seines Leibes und

Blutes leuchtet. Sie bedeckt ihn vor dem Angesicht der Menschen, weil sie den Anblick seiner Heiligkeit nicht sehen können, wenn nicht unter der Gestalt von Brot und Wein, unter der jene Opfergabe auf dem Altare liegt. So war es auch mit der Menschheit des Sohnes Gottes, die seine Gottheit vor den Menschen verhüllte, so daß sie ihn nur als Menschen unter den Menschen sehen konnten, aber dennoch keine Sünde an ihm gewahrten. Ich erschuf alles und nehme die Kirche, die mir durch ihres Priesters Hand die Opfergabe darbringt, gnädig auf.

8. Während die Opfergabe unsichtbar himmelwärts wie in einem Punkte durch die Kraft Gottes emporgezogen wird und wieder heruntergleitet, wird in der Wärme der göttlichen Majestät das Fleisch und Blut des eingeborenen Sohnes Gottes daraus. Unter dem Salböl erhellt, daß mein Sohn von der Jungfrau geboren wurde und mit kostbarstem Salböl gesalbt ward. Denn er bekleidete sich mit der heiligen Menschheit, welche ein kostbares Salböl ist. Im Saphir aber erscheint die Gottheit, welche auch in meinem Sohne ist, der als Eckstein sanftmütig und demütig ist. Sein Fleisch ging nicht aus dem Mann und Weib hervor, sondern wunderbarerweise in meiner Glut aus der lieblichsten Jungfrau.

9. Wie der junge Vogel aus dem Ei schlüpft und der Schmetterling aus einem geringen Körnchen hervorgeht, wo nach dem Ausschlüpfen des Lebewesens das zurückbleibt, woraus es gebildet ist, so ist auch in dieser Opfergabe wahrhaft im Glauben festzuhalten, daß das Fleisch und Blut meines Sohnes vorhanden ist, wenn sie auch dem Menschen nur wie Brot und Wein erscheint.

10. Du erblickst auch die Geheimnisse der Geburt, des Leidens und Begräbnisses, der Auferstehung und Himmelfahrt des Heilands und eingeborenen Sohnes Gottes wie in einem Spiegel. Die Geheimnisse der Geburt aus der Jungfrau und seines Leidens am Kreuze, des Begrabenen im Grabe und der Auferstehung von den Toten, des zum Himmel Auffahrenden, was bedeutet: daß er zum Heile der Menschen auf die Erde kam. Vor meinen Augen erscheint, was mein Sohn aus Liebe zum Menschen in der Welt litt; die Geburt, das Leiden und die Grablegung, die Auferstehung und Himmelfahrt meines Eingeborenen haben den Tod des Menschengeschlechts vernichtet. Deshalb erstrahlen sie auch im Himmel vor mir. Sie werden erscheinen bis zum Ende der Zeiten wie die Morgenröte vor mir mit großer Klarheit.

11. In jenen Leiden sah ich alle bis zum Ende der Welt, die an mich glauben werden, und die ihn verneinen.

12. Daher zeige ich auch auf wunderbare Weise alle seine Geheimnisse in der Opfergabe, da, wenn sie auf dem Altare erscheinen, auch das Fleisch und Blut meines Sohnes dieselbe Opfergabe wird, obgleich sie den Augen der Menschen als Brot und Wein gilt.

13. Daher siehst du auch, während der Priester den Gesang des unschuldigen Lammes: »Lamm Gottes, das du hinwegnimmst die Sünden der Welt« singt, und sich anschickt, die heilige Kommunion zu empfangen, wie das feurige Leuchten sich in den Himmel zurückzieht, weil, wenn eben dieser Priester das Lob dessen, der in Unschuld und Sanftmut die Sühne der Menschen auf sich nahm, verkündet und das Innere seiner Brust mit äußerer Demut zu demselben Sakrament öffnet, zieht

sich jene unbesiegte Klarheit, die dort ihre Stärke zeigt, zu den himmlischen Geheimnissen empor.

14. Als der Gottessohn zusammen mit seinen Jüngern das letzte Abendmahl feierte, nahm er in tiefer Ehrerbietung für das Heil der Menschen das Brot zur Erinnerung an seine Liebe, indem er mit ganzer Sehnsucht seinen Vater bewog, daß wie er von ihm ausging, und wie er zu ihm zurückkehren wollte, so auch er, wenn es möglich wäre, verfügen sollte, daß infolge der Gebrechlichkeit seines Fleisches jener Kelch, den er trinken sollte, an ihm vorübergehen möchte, obwohl dies nicht geschehen sollte. Daher segnete er auch jenes Brot in Erinnerung des Angstschweißes seines Leibes und übergab sein Blut seinen Jüngern. Auch in der Absicht, daß sie nicht vergessen sollten, daß er ihnen dies als Beispiel gegeben hatte. Und er gab sein Fleisch und Blut im Sakrament der Opferung auch zum wahren Heile seinen Jüngern und befahl, daß sie es in seinem Namen vollbrächten, wie auch er es aus Liebe zu ihnen vollbracht hatte, indem er mit sanftester Stimme sprach: »Ihr, die ihr mir in Demut folgen wollt, nehmt mit glühender Liebe dieses Beispiel an, das ich euch hinterlasse, nämlich mein Leiden und meine Werke, die ich auf das Geheiß meines Vaters vollbracht habe, denn er sandte mich zu lehren und sein Reich zu offenbaren. Und esset gläubig, was ich euch gebe, denn es ist mein Leib!« Darauf nahm der Sohn Gottes zum Heile den Kelch des Heiles, dankte seinem Vater und bat ihn, daß wenn aus seiner Seite das Blut sanft strömte, dies den Gläubigen als Gnade angerechnet würde, die so stark war, daß sie auch die alte Schlange überwand und den verderbten Menschen befreite und die ganze Kirche getreulich stärkte. Derselbe Erlöser

gab sein kostbarstes Beispiel in der Süßigkeit seiner Liebe seinen Gläubigen, indem er ihnen mit der sanften Eingebung seiner Ermahnungen sagte: »Trinket gläubig alle aus diesem Kelch des Heiles, die ihr mir gläubig folgen wollt. Dadurch, daß ihr euren Körper in der Angst züchtigt und euer Blut im Schweiße von der Sünde fern haltet, um meiner Liebe willen zur Stärkung der Kirche und euch dadurch verleugnet, wie auch ich mich dem Leiden unterwarf und mein Blut für eure Erlösung ausgoß, ohne dabei auf die Zartheit meines Fleisches Rücksicht zu nehmen, sondern nur euer Heil wirkend. Denn dieses Blut, das für euch vergossen wurde, ist nicht jenes Blut, das im Alten Testament vorbedeutend ausgesprengt wurde, sondern mein Blut ist das Blut des Neuen Testamentes, das zum Heile der Völker hingegeben ist. Ich, der ich der Eingeborene meiner Mutter bin, nämlich der Sohn der unversehrten Jungfrau, habe mein Blut am Kreuze für die Erlösung der Menschen ausgegossen, die mich im Glauben anschauen. Und wie ich es damals für die Befreiung des Menschengeschlechtes hingab, so opfere ich es auch jetzt noch am Altar für die Menschen, nämlich zur Erinnerung derer, die es gläubig empfangen.

Nun will ich euch die Wahrheit offenbaren und sage euch, die ihr mir treu gefolgt seid, von nun an werde ich nicht mehr den Kelch des Leidens in jener Trübsal, die ich jetzt von den Juden erdulde, trinken bis zu jenem Tage, wenn ich nach meiner Auferstehung vom Tode, nach Niederwerfung des Todes, den Tag des Heiles heraufziehen lasse, wo ich eben jenen Kelch eurer Erlösung mit euch trinken werde, die ihr mein seid, indem ich euch eine neue Freude offenbare, denn die Verderbnis der alten Schuld wird abgelegt werden, wenn euch jenes Reich eröffnet ist, das mein Vater denen bereitet hat, die ihn lieben. Durch meinen Tod am Kreuze werdet ihr das Heil der Seele fühlen. Auch werdet ihr nach meiner Auferstehung und Himmelfahrt den Geist, den Tröster, empfangen und eine wahrhaftige neue Lehre erfahren; ihr werdet ferner um meines Namens willen viele Trübsale auszustehen haben, die auch ich mit euch ertragen werde. Ich werde von nun an keinerlei Leiden körperlicherweise erdulden, wie ich sie vordem erduldet habe, als ich mit meinem Körper auf der Welt weilte, sondern weil ihr sie in meinem Namen ertragt, werde ich sie mit euch ertragen. Denn ihr seid in mir und ich in euch, und so werdet ihr, wie gesagt, den Leib und das Blut meines Sohnes empfangen, ihr, die ihr getreu an mich glaubt, zur Reinigung von euren Sünden, so daß ihr, durch dieses Geheimnis gereinigt, die Kraft der Tröstung von oben erlangt.«

15. Du, o Mensch, bemerkst, wenn die übrigen Menschen zu diesem Sakramente zu dem Priester herantreten, fünf Arten in diesen, weil diejenigen, die den Empfang des göttlichen Geheimnisses vom Priester wünschen, die fünf Sinne ihres Körpers von dem Schmutz der Sünden reinigen und sie vor schleichender Unreinigkeit würdig und löblich bewahren, damit sie es um so heilbringender empfangen.

16. Daher sind auch unter denen, die du zu diesem Sakramente herantreten siehst, die einen am Körper leuchtend und an der Seele glänzend, da sie die Klarheit des Glaubens an dieses Sakrament besitzen. Und sie werden in ihrer Seele durch die feurige Gabe des hl. Geistes durchtränkt und erleuchtet, so daß sie von dieser Erleuchtung durchstrahlt, das Irdische verachten und nach dem Himmlischen begehren.

17. Wieder andere erscheinen am Körper leuchtend und an der Seele verfinstert, weil sie lau im Glauben, keinen festen Glauben an dieses Sakrament haben, sondern schwerfällig sind, die Weisheit zu begreifen, wie ein Knabe, dessen Werke Torheit sind. Sie hören äußerlich mit den Ohren, begreifen aber nicht in der Langsamkeit ihres Herzens, was ihnen über dieses Sakrament gesagt wird. Deshalb sind sie auch im inneren Menschen von Finsternis umgeben. Das sind Kämpfe, die sich zwischen dem Körper und der Seele abspielen, weil die Seele über den Leib herrschen will. Was heißt das? Was tot ist, verlangt nach dem Tode, und was lebt, liebt das Leben? Wie ein Knabe ohne Arbeit und ohne Einsicht seines Verstandes groß und genährt wird, so werden auch diese Menschen durch dieses Sakrament gleichsam durch Unwissenheit belebt. Denn sie verachten es weder durch Schmähung noch durch Geringschätzung, sondern empfangen es in Einfalt.

18. Wieder andere sind an ihrem Körper rauh und schmächtig an der Seele und von großer Unreinigkeit menschlicher Befleckung durchdrungen. Sie sind in ihrem Fleische häßlich und unrein, ohne Scham beflecken sie sich mit dem Schmutz der Laster. Und wenn diese, schmutzig in diesen Lastern, sich nicht scheuen, zum Sakramente des Leibes und Blutes meines Sohnes so ungewaschen heranzutreten, müssen sie durch harte Prüfung wegen dieser Anmaßung gereinigt werden. In dieser Reinigung verweigere ich ihnen jedoch nicht meine Barmherzigkeit, denn ich sehe voraus, wie in ihrem Herzen eine würdige Buße Platz greift.

19. Wieder andere sind am Körper mit ganz spitzen Dornen umgeben und erscheinen an ihrer Seele aussät-

zig, weil sie in ihrem Herzen von Zorn, Haß und Neid umgeben sind und Sanftmut, Milde und Liebe durch diese Dornen der Ungerechtigkeit von sich fernhalten. Daher machen sie ihre Seele wie mit widerwärtigen Geschwüren unrein. Wer auf diese Art zum göttlichen Geheimnis hinzutritt, der verletzt sich schwer; aber trotzdem lenke ich mein Auge auf sie, wenn sie in Bitterkeit Buße tun und nachher meine Gnade durch Sühne nachsuchen.

20. Wieder andere sind an ihrem Körper blutig und erscheinen übelriechend an der Seele wie ein verfaulter Leichnam, da sie mit blutiger Hand Spaltungen unter den Menschen hervorrufen und ihre Seele übelriechend machen durch die faulende Seuche grausamster Verkehrtheit. Sie mißachten meine Furcht und zerstören so durch ihre Grausamkeit, was ich im Menschen gebaut habe. Wenn sie daher mit dieser Befleckung verunreinigt, sich nicht scheuen, den Leib und das Blut meines Sohnes zu empfangen, so schädigen sie sich durch schwere Verletzung, da sie so ungewaschen dieses Sakrament zu berühren wagen. Aber trotzdem wird sie der Quell der Rettung nochmals durchfließen, wenn sie sich bestreben, sich durch würdige Buße von dieser Schlechtigkeit zu waschen.

21. Aber von all diesen, die das Sakrament empfangen, werden die einen wie von einem feurigen Leuchten durchgossen, andere dagegen von einer dunklen Wolke beschattet. Denn wer, wie gesagt, ungewaschen zu dem heiligen Leib und Blut meines Sohnes hinzutritt und so jenes Sakrament empfängt, der nimmt es sich zum Gericht.

22. Wenn jemand aus sich nicht Widerstand leisten kann, so suche er mich in demütigster Gesinnung und

zeige mir die Wunden seines Herzens mit demütigster Offenheit; nämlich durch demütigstes Bekenntnis vor dem Priester eröffne er sie mir, und warum dies? Weil eine aufrichtige Beichte eine zweite Auferstehung ist. Wieso? Durch den Fall des alten Adam wurde das Menschengeschlecht getötet, das der neue Adam durch seinen Tod auferweckte. Deshalb ist auch in dem Tod des neuen Adam die Auferstehung der Seelen begründet, weil der Mensch seine Sünden bekennen muß. Was der alte Adam nicht tat, als er seine Übertretung mehr bedeckte als sie bekannte. Er hat sie nicht in Buße bekannt, sondern sie bedeckt und die Frau angeklagt. Das Bekenntnis ist eingesetzt, damit die Menschen, nachdem sie gefallen sind, durch dasselbe von ihrem Falle wieder auferstehen. Und daher steht jeder vom Tode zum Leben auf, der in reinem Bekenntnis dem Priester in meiner Liebe seine Sünden bekannt hat.

23. Dieses Heilmittel der Reinigung ist lange in den alten Vätern vorgebildet. Wieso? Vor dem Gesetz der Gnade waren die Patriarchen und Propheten der Menschen Trost, und unter dem Gesetz gereichten die Hohenpriester und Priester ihnen zur Belehrung; als dann die Apostel kamen, brachten sie wahre Gerechtigkeit in meinem Sohne, so daß viele Menschen zu ihnen eilten und ihre Hilfe demütig anriefen. Und so gab es von Adam bis zur Sendung der Apostel immer solche, die durch Eingebung, Trost und Unterweisung den armen Menschen zu Hilfe kamen. Auch die Apostel zeigten den Menschen durch ihre Predigt und viele Wunder, daß der Mensch durch teuflische Verführung dem Tode verfallen, sich niemals aufrichten konnte, aber durch meinen Sohn dem Tode entrissen ward. Wieso? Da er in der Welt weilte, ertrug er viele Mühsal an seinem

Körper, wurde schließlich für die Erlösung der Welt ans Kreuz geheftet. Dieses müssen die gläubigen Menschen für ihr Heil mit ihren Priestern nachahmen. Sie werden ihre Sünden dem Priester, der der Diener meines Sohnes ist, mit ganz demütigem Herzen und Munde bekennen. Und dann bringt ihnen der Priester das Heilmittel in ihrer Buße und begräbt so ihre Sünden in dem Tode meines Eingeborenen. Die auf diese Weise zum Leben wieder auferstehen, werden auch die Auferstehung meines Sohnes verherrlichen.

24. Wenn jemand in seiner Todesstunde das Heilmittel für die Wunden seiner Sünden sucht und dennoch einen Priester, dem er seine Sünden bekennen will, nicht haben kann, dann eröffne er sie einem anderen geeigneten Menschen. Wenn er aber so plötzlich keinen Menschen haben kann, so eröffne er sie mir vor den Elementen mit innigster Leidenschaft seines Herzens. Und ich, die Demut seines Herzens erblickend, verwerfe seine Buße nicht.

25. Daher soll niemand an der Last seiner Sünden verzweifeln, da er, wenn er an meiner Barmherzigkeit verzweifelt, zum Leben nicht auferstehen kann.

26. Aber wer die Buße für seine Sünden vollenden will, lege sich ein Almosen zu Hilfe auf. Wieso? Da der Körper die Menschen durch seine Schwäche in der Mühsal der Buße verließ, möge ihm das Almosen helfen. Da es dem Menschen schwer ankommt, daß er, wie es gerecht ist, bereut, daher mag er sich das Almosen als Mutter hinzunehmen, da er mit ihm das vollbringt, was seinem Körper mühsam ist.

27. In gerechter und williger Betrachtung nimm von deinem Gelde, was du materiell und in deinem Herzen besitzest und teile es nach dem Gebote jenes,

der über allen steht. Gott hat befohlen, daß du dich vom Übel abwendest und das Gute tust. Und daher mußt du in deinem Innern an gutem Willen so überfließen, auf daß du nicht zu den verlorenen Schafen gehörst.

28. Wie ich euch meine Gnade schenke, so müßt auch ihr den Armen Almosen spenden. Aber die Almosen empfangen, mögen sie nicht umsonst annehmen, noch habgierig sein.

29. Die aber freiwillig um meines Namens willen Armut erleiden, sind mir sehr teuer. Die aber weltlichen Reichtum gern hätten, obgleich er ihnen nicht zuteil werden kann, verlieren den Lohn ihrer Mühsal. Die aber nach Reichtum gelüstet, um meinen Willen zu tun und nicht ihrer Begierde zu willfahren, die werden für ihren guten Willen Ehrenruhm bei mir gewinnen.

DIE SIEBTE VISION: VOM BESIEGTEN TEUFEL.

Dann sah ich ein brennendes Licht wie einen großen Berg, dessen Spitze vielen Zungen ähnlich war. Vor jenem Licht stand eine Menge weißgekleideter Menschen, und vor diesen erschien wie ein leuchtender Schleier von Kristall, der von der Brust bis zu ihren Füßen ausgebreitet lag. Vor diesen Menschen lag auf einem Wege ein Wurm von wundersamer Dicke und Länge auf dem Rücken, der so voll fürchterlicher Wut zu sein schien, daß Menschenzunge es nicht auszusprechen vermag. Zu seiner Linken war eine Art Marktplatz, wo menschlicher Reichtum und weltliche Genüsse und verschiedenes Handelsgut erschienen. Dort liefen auch einige Menschen eilends herum, betrieben aber keinen Handel damit. Andere aber beschäftigten sich mit Kauf und Verkauf. Der Wurm war schwarz behaart, von schwärenden Wunden übervoll, und trug davon fünf verschiedene Arten an seinem Kopf bis zur Brust an sich, die bei den Füßen wie Bänder herunterliefen. Das eine war grün, die anderen weiß, rot, safrangelb, und das schwarze schien mit tödlichem Gift angefüllt zu sein. Des Wurmes Kopf erschien so verletzt, daß die linke Backe schon nicht mehr kenntlich war. Seine Augen aber waren von außen blutrünstig, und von innen glühten sie von Feuer. Die Ohren waren rund und struppig. Nase und Mund glichen der einer Schlange. Er hatte Menschenhände, Füße aber wie eine Schlange. Der Schwanz war kurz und schreckenerregend. Um seinen Hals war eine Kette gelegt, welche auch seine Hände und Füße gebunden hielt. Diese Kette war ganz stark an einem Steine des Abgrundes befestigt und fesselte jenen so sehr, daß er sich weder hierhin noch dorthin bewegen konnte, wie sein böser Wille trachtete. Aus seinen Wunden gingen viele Flammen hervor, die sich nach vier Seiten hin teilten; eine stieg zu den Wolken empor, eine andere zu den weltlich gesinnten Menschen, eine andere aber zu den geistlichen, schließlich eine stieg zum Abgrund hernieder. Jene Flamme, welche zu den Wolken strebte, richtete sich gegen diejenigen Menschen, welche zum Himmel aufsteigen wollten. Diese Menschen erschienen in drei Reihen: die erste weilte nahe den Wolken, die zweite in der Mitte zwischen Wolke und Himmel, die letzte befand sich noch nahe der Erde; aber alle verfolgten ihren Weg lobsingend zum Himmel. Von dieser oder jener Flamme zurückgeworfen, fielen einige nicht, andere wiederum stellten sich flink wieder auf ihre Füße, andere fielen zur Erde zurück und eilten wieder dem Himmel zu. Die sich auf die weltlichen Menschen ergießende Flamme verbrannte einige von ihnen und verwandelte sie in tiefe Schwärze, andere aber durchbohrte sie so mit ihrer Spitze, daß sie sie so umbog, wie sie wollte. Dennoch entkamen einige und gesellten sich den zum Himmel Eilenden bei. Andere aber blieben durchbohrt. Die Flamme, welche sich zwischen den Geistlichen ausbreitete, bedeckte sie mit ihrem Dunkel. Ich unterschied unter diesen sechs Arten. Die einen verletzte die Flamme in schrecklichem Brand; bei denen sie es aber nicht vermochte, die hauchte sie glühend mit jenem grünen, weißen, roten, safrangelben und schwarzen Todesgift an, welches vom Kopf des Wurmes bis zu seinen Füßen herniederfloß. Die Flamme, die zum Abgrund glitt, trug in sich verschiedene Strafen für jene, welche sich nicht durch den Taufquell reingewaschen und das Licht der Wahrheit und des Glaubens nicht kannten, den Satan statt Gott verehrten. Ich sah auch aus den Wunden des Wurmes spitze Pfeile sausen, und aus seiner Brust schwarzen Rauch aushauchen und aus seinen Hüften glühende Feuchtigkeit aufwallen; aus der Körpermitte wehte glühendheißer Wirbelwind, von der Außenseite des Leibes sprudelte es wie Schmutz von Fröschen hervor; dies alles versetzte die Menschen in große Unruhe. Aus dem schwärzesten Nebel mit schauerlichem Geruch stiegen viele Menschen auf. Siehe! Es kam auch eine große Zahl derer, die in großer Helligkeit leuchteten; und diese traten immer und überall den Wurm nieder und quälten ihn so, daß sie aber dennoch nicht von den Flammen und dem Gift beschädigt wurden.

2. Du siehst ein brennendes Licht so groß und hoch wie einen Berg, auf dessen Spitze das Licht sich in viele Zungen teilt, weil dies die Gerechtigkeit Gottes, die im Glauben der treuen Völker brennt, bedeutet und in der Kraft ihrer Macht die Größe der Heiligkeit und die Erhabenheit ihres Ruhmes zeigt. Auch werden in

der Herrlichkeit des hl. Geistes verschiedene Gaben wunderbar gezeigt.

3. Vor dem Licht steht eine Menge weißgekleideter Menschen, die die Schar derer bedeutet, die angesichts göttlicher Gerechtigkeit im Glauben leuchten und durch ihre guten Werke wohl und ehrenhaft gepaart sind. Vor ihnen erscheint es gleichsam wie ein hellleuchtender Schleier aus Kristall, der sich von ihrer Brust bis zu ihren Füßen ausdehnt, weil sie vor sich das starke und herrliche göttliche Gesetz bei ihren beabsichtigten guten Werken bis zu deren Vollendung haben.

4. Vor jener Menge liegt rücklings auf einem Wege ein Wurm von wunderbarer Dicke und Länge, weil die alte Schlange auf dem Wege dieser Welt, den Gute und Böse beschreiten müssen, nicht in ihrer eigentlichen Gestalt liegt, sondern sich geheimnisvoll verbirgt in großer Schlechtigkeit und lang hingeworfen in Hinterhältigkeit. Sie sperrt ihr Maul nach oben hin auf, um jene durch ihre Täuschung herunterzustoßen, die zum Himmel wollen. Sie liegt aber, weil durch Gottes Sohn ihre Kräfte zunichte gemacht worden sind, so daß sie sich nicht erheben kann. Dennoch erscheint sie so voll schauriger Wut, daß kein Mensch es auszusprechen vermag.

5. Zu ihrer Linken ist eine Art Marktplatz für menschlichen Reichtum, weltliche Genüsse und Handelsdinge, weil in dem Tod des Verräters die linke Seite verstanden wird, wo man einen Marktplatz sieht, weil seine schlechtesten Werke dem Tode angehören. Der Teufel bietet seine Künste den Menschen auf trügerische Weise an. Wer aber danach Verlangen trägt, der erkauft sie sich. Wieso? Ihr gutes Gewissen stoßen sie

wie in einem Verkauf von sich und ziehen sich tödliche Wunden ihrer Seelen wie im Kauf zu.

6. Es sind aber auch Menschen dort zu sehen, die eilends herumgehen, ohne einen Handel zu betreiben, weil sie Gott erkennen, den Schatz guten Willens und den Wohlgeruch der Tugenden an sich tragen. Einige gehen langsam dem Kauf und Verkauf nach, weil sie säumig in guten Werken sind und durch die Fieberglut ihres Körpers die himmlische Sehnsucht, gleich als verkauften sie diese, in sich auslöschen, die Wollust ihres Fleisches aber, gerade als kauften sie sie, nähren.

7. Was bedeutet das? Die helleuchtenden Werke eines reinen Menschen übergießen ihn mit Heiligkeit und schauen gleich tausend Augen nach oben und in die Tiefe, ihn von allen Seiten umgebend, ihn aufwärts tragend.

8. Daß der Wurm schwarz behaart und voll schwärender Wunden ist, zeigt an, daß die alte Schlange überreich an dem tiefen Dunkel des Unglaubens ist, den versteckten Geschossen, die täuschen, an Geschwüren unreiner Verderbtheit und aufgeblasener Wut. Er hat fünf Arten von Wunden, die sich von seinem Kopf an seinem Leibe bis zu den Füßen wie Bänder herunterziehen, weil die fünf Sinne des Menschen in den verschiedenen Leidenschaften und Lastern, von der Täuschung angefangen, mit der sie ihn zuerst anzufüllen strebten, bis zu jener Vollendung, in der seine Raserei ein Ende hat, aber nicht aufhört zu toben, sondern fälschlicherweise das Rechte vorgebend, die Menschen zum Abhang unreiner Kunstgriffe zieht. Eines von diesen Bändern ist grün, die anderen sind weiß, rot, safrangelb, und das schwarze erscheint voll tödlichem Gift, weil sie im Grün weltliche Traurigkeit, im Weiß

unschickliche Unehrbietigkeit, im Rot falschen Ruhm, im Safrangelb mörderische Mißgunst und im Schwarz schimpfliche Verstellung zeigen.

9. Das Haupt ist so zerschmettert, daß die linke Backe schon verschwunden zu sein scheint, weil der Stolz jenes in der Menschwerdung des Sohnes Gottes so zernichtet ward, daß selbst das Todesleid schon ausgelöscht ist und seine bittere Kraft nicht mehr ausüben kann.

10. Die Augen sind außen blutig und innen feurig, weil die verkehrte Absicht äußerlich blutiges Unrecht dem menschlichen Körper zufügt und innerlich in die Seele hinein ein feuriges Wurfgeschoß schleudert. Der Wurm hat runde struppige Ohren, weil er den Menschen rings herum mit seinen Kunstschleudern umgibt, um ihn so rasch wie möglich herunterzuwerfen, wenn er etwas von dem Seinigen ergriffen hat. Der natternähnliche Mund und Nase deuten auf die ungeordneten und schlechten Seiten der Menschen hin, mit welchen er sie in vielen Lastern durchbohrt und grausam tötet.

11. Er hat Menschenhände, weil er seine Kunstgriffe ähnlich den Werken der Menschen ausübt. Seine Füße aber sind die der Natter, da er es ja nicht unterläßt, auf den Wegen, die die Menschen wandeln, mit seiner Hinterhältigkeit teuflische Zerfleischungen beizubringen. Der Schwanz ist kurz und schreckenerregend, weil seine Macht zwar von kurzer Dauer aber dennoch sehr schlimm ist.

12. Um den Hals ist ihm eine Kette gelegt, weil des Teufels Gewalt durch die Macht des allerhöchsten Gottes gebrochen und vernichtet ist. Jene Kette hält ihn so kräftiglich an den Stein des Abgrundes gefesselt, so daß er sich weder hierhin noch dorthin, wie er es in

seiner Bosheit möchte, wenden kann, weil Gottes Macht in unwandelbarer Ewigkeit ohne Schmälerung bleibt; sie bedrückt den Teufel mit solcher Stärke für das Heil der Seelen, daß er weder durch äußere noch innere Hilfsmittel das Heil der Erlösung von den gläubigen Seelen entfernen kann, um zu verhindern, daß sie an den Ort der Freude gelangen, den er selbst durch seinen Starrsinn verloren hat.

13. Seinem Munde entströmen viele Flammen, die sich in vier Teile zerlegen, weil er selbst in rasender Gefräßigkeit schlimmstes und vielfaches Übel grausigsten Brandes und sündiger Überredung herausschleudert und es in die vier Richtungen der ganzen Welt unter die Menschen verspritzt. Ein Teil von ihnen erhebt sich bis zu den Wolken, weil jener teuflische Anhauch diejenigen, die den Himmel mit der ganzen Begierde ihres Geistes erstreben, mit seiner Spitze zurücktreibt. Eine andere Flamme stürzt sich auf die weltlichen Menschen, weil sie in irdischen Dingen verweilend durch deren Verschiedenheit getäuscht werden. Eine dritte Flamme läßt sich auf die Geistlichen nieder, weil sie jene, die in geistliche Beschäftigung vertieft sind, mit ihrer Verstellung ansteckt. Eine andere aber geht zum Abgrund hernieder, weil sie die Ungläubigen, die ihr beistimmen, in höllische Qualen mit ihrer Verführung sendet. Diese gehen den Weg der Falschheit und des Truges, haben den Weg der Geradheit nicht eingehalten und Gott nicht die schuldige Ehrfurcht erwiesen.

14. Was bedeutet das? Die Unschuld und kraftvollen Werke Gottes, welche in lebendiger und reinster Quelle sprangen, haben diejenigen, die Gott aus ihrem Herzen durch niedrige und verdammungswürdige

Werke vertrieben, so vernichtet, wie ein großer Regen einen Gegenstand untertaucht, so daß er unsichtbar wird. Daher leuchten sie auch nicht vor Gottes Angesicht, weil Unglück auf allen ihren Wegen ist, wohin sie sich auch wenden. Wieso? Indem sie kosten und genießen, was böse ist. Denn sie kennen jenen Weg nicht in ihren Werken, welcher zur Sonnenglut hinansteigt, weil sie die göttliche Labe weder in der Ehre noch in der Liebe kosten.

15. Daher siehst du auch eine Flamme in den Wolken, die gegen jene Menschen ankämpft, die zum Himmel eingehen wollen, weil jener furchtbarste Brand gegen jene mit seinen Künsten tobt, die aufwärts wollen.

16. Drei Reihen erblickst du von diesen, weil sie nicht aufhören, die wahre und unaussprechliche Dreifaltigkeit zu verehren. Die eine Reihe weilt nahe den Wolken, weil sie im tapferen Kampfe gegen den Teufel ihren Geist von den irdischen Hoffnungen aufwärts zum Himmel erheben, wie auch die Wolke über der Erde dahinzuschweben pflegt. Eine andere Reihe läuft in der Mitte zwischen Wolken und Erde auseinander, weil sie zwar in gemäßigter Beherrschung bestehen, aber nicht mit ganzer Seele zum Himmel streben, noch ihr Sehnen ganz auf der Erde ist. Sie suchen die Innerlichkeit und verschmähen trotzdem nicht das Äußerliche. Die letzte Reihe hält sich nahe der Erde auf, weil sie Nichtiges nicht vollkommen aufgaben, ja ihm sogar zuweilen anhängen. Sie mühen sich vielfältig ab und spüren auch die Ermüdungen ihrer Leiden an sich, aber schließlich bestehen sie doch mit göttlicher Hilfe als Sieger. Sie alle nehmen ihre Richtung zum Himmel unter Lobgesängen, da ja diese und jene mit vielen

Sehnsuchtsseufzern sich aufmuntern, dorthin zu streben, wo die überirdischen Geheimnisse sich befinden, obgleich sie durch die List der alten Schlange in dieser ihrer Absicht oft belästigt werden. Von der Flamme werden sie hierhin und dorthin geworfen, da sie ja vom Hauche teuflischer Versuchung zu verschiedener Gesinnung angeregt werden. Einige fallen trotzdem nicht und bleiben siegreich, weil sie sich tapfer gegen diese Eingebungen wehren. Andere können ihre Schritte schwerlich auf geradem Wege fortlenken, denn in vieler Mühsal überwinden sie kaum die Kunstgriffe des Teufels, um in Gottes Geboten auszuharren. Wieder andere fallen auf die Erde zurück, aber erheben sich doch wieder zum Himmel; sie fielen zwar in viele Laster verstrickt, aber aufgerichtet durch Buße stellen sie ihre Hoffnung mit ihren guten Werken auf Gott.

17. Die Flamme, die sich unter den weltlichen Menschen ausgießt, verbrennt einige von ihnen und macht sie kohlschwarz. Der Brand häßlichster Täuschung züngelte auch nach jenen, die ins Irdische verstrickt waren. Dem Teufel und seiner Verkehrtheit unterwarfen sie sich zum Teil, und dieser steckte sie mit den schlimmsten Lastern dunkler Sünde an. Sie verachteten die klare Helle des wahren Glaubens und brachten sich deshalb den bittersten Tod bei, fallen auf die Erde und vollenden Ungerechtes.

18. Jene dritte Flamme bedeckt mit ihrem Rauch die Geistlichen, weil der Anhauch teuflischer Überredung ihre Glut auch zu jenen aussendet, die mit ganzem Verlangen dem Geistigen dienen müßten. Du siehst ihrer sechs Arten, weil der alte Feind ihre fünf äußeren Sinne und die innere Ehrfurcht ihres Herzens gleich einer sechsten Art umzukehren sucht.

19. Die Flamme, welche zum Abgrund hinunter will, bestraft diejenigen, die im Taufquell nicht gewaschen wurden und, das Licht der Wahrheit und des Glaubens nicht kennend, den Satan anstatt Gott verehren.

20. Aus dem Munde des Wurmes siehst du spitze Pfeile sausen, die in teuflischer Wut zu schlimmst hervorbrechen und in vielerlei Sünde rasen. Aus seiner Brust siehst du schwarzen Rauch aushauchen, was in seiner boshaften Versuchung dunkelsten Zorn und Neidausbruch bedeutet. Aus seinen Hüften wallt glühende Feuchtigkeit auf, welche die Ausgelassenheit glühendster Wollust von seiner eigenen Unreinheit bei den Prälaten bedeutet.

21. Aus der Körpermitte wehte glühendheißer Wirbelwind, und von der Außenseite seines Leibes sprudelte es Schmutz von Fröschen hervor.

22. Aus dem schwärzesten Nebel mit scheußlichem Geruch stiegen viele Menschen auf, die der Teufel mit seiner Verkehrtheit ansteckt, weil vom Teufel finsterster Irrtum eines üblen Gewissens ausgeht, der törichte Menschen durch sündhaften Glauben quält.

23. Würde der Teufel sich offen zu erkennen geben, so würden sie ihn meiden, weil sie ihn erkannten. Daher zeigt er ihnen die Dinge listig, als seien sie gut und heilig, um sie zu täuschen. Der Teufel weiß, daß ihm wenig Zeit zur Verfügung steht, um seinen Irrtum auszubreiten, deshalb beeilt er sich, die Ungläubigkeit in seinen Kindern zur Vollendung zu bringen.

24. Du siehst, daß eine große Menschenschar in heller Klarheit leuchtend kam, welche den Wurm tapfer überall niedertraten und ihn damit grausam quälten, denn die getreue Schar der Gläubigen, die wohl in

menschlichem Elend ins Dasein trat, eilt aber im Glauben an die Taufe und in herrlichen Tugenden prächtig geschmückt zum Himmel; sie verstoßen in ihren Taten jetzt den alten Verführer und schmälern seine Kraft in peinvollem Leiden; es sind die Jungfrauen, Märtyrer und übrigen Verehrer Gottes in der Wahrheit, welche das Irdische ganz mißachten und den Himmel ersehnen. Sie können weder von den Flammen noch dem tödlichen Gift des Wurmes verwundet werden, weil sie so befestigt in Kraft und Beständigkeit in Gott sind, so daß sie weder von offenem Brand noch heimlicher Überredungskunst des Teufels befleckt werden. Mit mächtiger Stärke der Tugend verlassen sie eitlen Trug und hängen der Heiligkeit des gerechten Wandels an.

3. BUCH

DIE ERSTE VISION: VOM ENGELSTURZ.

Als ich nach Osten sah, erblickte ich dort einen ganz und gar unversehrten Stein von ungeheurer Breite und Höhe, der eisenfarben war, über ihm eine weiße Wolke und über dieser einen runden Königsthron, auf dem in wunderbarer Herrlichkeit, über und über leuchtend, ein Jüngling saß; er strahlte solche Klarheit aus, daß ich es nicht vermochte, ihn genauer anzublicken. Auf seiner Brust hatte er schwarzen und häßlichen Schlamm; seine Seite war das Abbild einer menschlichen Brust und umgeben von wertvollen Edelsteinen. Von der leuchtenden Gestalt auf dem Throne ging ein großer goldener Kreis aus wie die Morgenröte (seinen Durchmesser konnte ich keineswegs ermessen). Dieser Kreis drehte sich von Osten nach Süden und Westen. Von Süden spiegelte er sich wieder nach Osten zu jener leuchtenden Gestalt und war unbegrenzt. Der Kreis war von der Erde so weit entfernt, daß ich ihn nicht erfassen konnte; und er strahlte eine so furchtbare Helligkeit aus, nämlich von steinerner, goldener, feuriger Farbe auf allen Seiten gemäß seinem Durchmesser aufwärts zur Himmelshöhe, zugleich sich so abwärts in den tiefen Abgrund ausdehnend, daß ich sein Ende nicht zu schauen vermochte. Dann sah ich auch aus dem Innern des Thronenden einen großen Stern ausgehen, der vielen Glanz und Schönheit spendete, und zugleich eine große Menge von niederfallenden Funken. Als mit jenem Stern alle anderen Sterne nach Süden ausgezogen waren, sah ich eine andere Gestalt auf dem Throne sitzen und die Sterne sich von dieser abwenden; sie trachteten danach, mehr nach Süden zu kommen, statt sie anzuschauen. Aber sogleich wurden sie alle ausgelöscht, als sie sich abwendeten und verwandelten sich in schwarze Kohle. Und siehe, ein Wirbelwind erhob sich, der sie bald von Norden hinter dem Thronenden nach Süden schleuderte und sie so in den Abgrund stürzte, daß ich keinen von ihnen mehr erkennen konnte. Jenen großen Glanz aber, der ihnen entzogen wurde, sah ich plötzlich bei dem Verlöschen der Funken zu dem Thronenden zurückkehren, und ich hörte ihn also zu mir sprechen: »Schreibe auf, was du siehst und hörst!« Und ich antwortete aus innerster Schau: »Ich bitte dich, mein Gebieter, daß du mir Erkenntnis geben mögest, um die Geheimnisse darzulegen und mich nicht verlassest, sondern mich in der Morgenröte deiner Gerechtigkeit bestärkest, in welcher dein Sohn geoffenbart ward, und verleihe mir, wie es mir zukommt, den göttlichen Ratschluß aufzuzeigen, welcher in alter Absicht bestimmt ist, wie du deinen Sohn Mensch werden lassen wolltest, so daß er ein der Zeit unterworfener Mensch wurde. Dies wolltest du vor aller Schöpfung in deiner Einfachheit und im Feuer der Taube, des hl. Geistes, daß dein

Sohn, sich wunderbar erhebend, wie eine leuchtende Sonnengestalt, wahrhaft mit der Menschheit bekleidet würde um des Menschen willen.« Die Gestalt sprach ferner zu mir: »Wie schön sind deine Augen in göttlicher Erzählung, während die Morgenröte nach dem göttlichen Ratschluß aufsteigt.« Und ich: »Ich sah mich in meiner tiefsten Seele, und zwar wie Asche in grauem Schmutz, wie unbeständigen Staub; daher sitze ich voll Furcht im Schatten wie eine Feder; aber vernichte mich nicht wie eine Fremde vom Lande der Lebendigen, da ich in meinem Schweiße mich abmühe bei dieser Vision, und weil in meiner Niedrigkeit meine Sinne blöde sind in meinem Fleisch. Oft versetze ich mich in meinem Geiste an den geringsten und niedrigsten Ort, so daß ich nicht würdig bin, ein Mensch genannt zu werden, da ich mich sehr fürchte, deine Geheimnisse zu erzählen. O gütiger und milder Vater, lehre mich deinen Willen, o schauervoller Vater, der du zugleich voll der Gnade bist, verlaß mich nicht, sondern bewahre mich in deinem Erbarmen.« Wieder hörte ich mir sagen: »Ich will, daß du sagst, daß du Staub bist; verkünde die Offenbarung des Brotes, welches der Gottessohn ist, und das Leben in meiner feurigen Liebe, das jeden Toten mit Leib und Seele auferweckt und nach Entfesselung von den Sünden einläßt in heitere Klarheit. Er ist der Anfang der auferweckten Heiligkeit im Menschen. Daher ist er auch glänzend, herrlich und unbegreifbar und spendete Hilfe, indem er seinen Sohn in die Schamhaftigkeit der Jungfrau sandte, welche nicht verändert wurde durch irgendwelche Makel. Dort konnte noch sollte eine Befleckung des Fleisches im Geiste der Jungfrau stattfinden, weil sie die Mörderin am Tode des menschlichen Geschlechtes war und, diesen nicht kennend, wie im Traum getäuscht ward, als der Sohn Gottes unter großem Schweigen in die Morgenröte einging, nämlich in ein demütiges Mägdelein. Der Tod griff sicher um sich, da er das Leben nicht kannte, welches jene süße Jungfrau trug, weil ihm ihre Jungfräulichkeit verborgen blieb. Die Jungfrau war nämlich arm an irdischen Schätzen, weil die göttliche Majestät sie so erfinden wollte.

2. Gott, der alles schuf und den Menschen für den Ruhm, von dem der verlorene Engel mit seinem Gefolge ausgeschlossen wurde, bestimmte, ist von seiner ganzen Schöpfung mit größter Ehrerbietung und Furcht zu verehren und zu fürchten. Das bedeutet auch der Stein, den du sicher erkennen kannst. Er ist nämlich im Mysterium die Größe der Furcht des Herrn, welche in reinster Absicht in den Herzen der Gläubigen immer stehen und ausdauern muß. Aber du siehst ihn ganz unversehrt und von ungeheurer Breite und Höhe eine eiserne Farbe tragen, weil feste und große Furcht des Herrn unentwegt da sein muß, da Gott von jedem Geschöpfe in Unversehrtheit zu fürchten ist, damit erkannt wird, daß er der eine und wahrhaftige Gott ist, es niemand außer ihm gibt, noch einen, der ihm ähnlich wäre: er ist unermeßlich breit, weil er unbegreiflich in allem und über alles ist. Die große Höhe hat er, da kein Mensch die Heiligkeit Gottes begreifen noch sie erreichen kann mit der Höhe seiner Sinne, weil er über allem steht. Der Stein trägt eisenähnliche Farbe, weil es beschwerlich und hart ist für den menschlichen Geist, Gott zu fürchten, da der Mensch, trotzdem er Geschöpf ist, gegen Gott sich erhebt.

3. Die weiße Wolke aber über dem Steine versinnbildet die Weisheit menschlichen Geistes. Der über ihr

gelagerte runde Königssitz ist der starke und feste Glaube, der im christlichen Volke kreist, dem Gott in Wahrheit bekannt ist. Denn, wo die Furcht vor Gott Wurzeln schlägt, dort erscheint auch darüber die Weisheit des Menschengeistes, und mit Hilfe Gottes wird darauf der Glaube gebaut, in welchem Gott sich selbst eine Ruhstatt bereitet.

4. Auf dem Throne sitzt ein überaus leuchtender Jüngling von wunderbarer Herrlichkeit und solcher Helligkeit, daß man gar nicht wagt, ihn anzuschauen. Auf seiner Brust hat er schwarzen Schlamm, und seine schmutzige Seite gleicht der Brust eines großen Menschen; sie ist umgeben von wertvollen Edelsteinen. Über allem herrscht der eine Gott, leuchtend von Güte und wunderbar in seinen Werken.

5. Auf seiner Brust, d. h. in der Weisheit seines Geheimnisses, hat er aus Liebe zu seinem Sohne den ungesunden, schwachen und armen Schlamm, den Menschen, der schwarz ist vom Dunkel der Sünde und häßlich in fleischlicher Befleckung. Die Seite ähnelt einer Menschenbrust, was die Weitung der tiefen und großen Weisheit bedeutet, durch die Gott den Menschen erschuf. Sie betrachtet jene, welche auf dem Heilswege durch Buße sind; die gegen Gott durch ein Verbrechen in ihrer Schwachheit ausschlugen, aber endlich zu ihm gelangen. Diese sind umgeben von vielem Schmuck, wie kostbare Steine an hohen Fürsten, sie sind wie Edelsteine, die Märtyrer und Jungfrauen der Heiligkeit; andere sind unschuldige und büßende Söhne der Erlösung, mit welchen der Schlamm auch sehr geschmückt ist, wenn im menschlichen Körper solche Tugenden leuchten, die in Gott mit ganzer Klarheit wiederstrahlen.

6. Der Mensch, der vom Sündenfall auf die Ermahnung des hl. Geistes hin zurückkehrt, spricht zu sich: »Vater, ich habe gegen den Himmel gesündigt, d. h. gegen Himmelswerk, gegen mich selbst, weil du mich in deinem Willen schufst, mich so bei der Schöpfung berührtest, daß auch ich himmlisch in meinen Handlungen sein sollte und nicht wert bin, dein Sohn zu heißen, weil ich aus Bosheit meines Herzens dein Geschöpf in mir so anders entstellte, als ich von dir erschaffen ward. Jetzt aber muß die Buße die Sünden des Menschen lösen mit dem Blut deines Sohnes.

7. Dies ist der häßliche Schlamm, welchen du auf der Brust des frommen Vaters siehst. Wieso? Bei dem Sohn Gottes, der aus dem Herzen des Vaters ausging, als er in die Welt kam, ist das gläubige Volk, welches ihm mit gläubiger Gesinnung anhängt.

8. Wie ein guter Hirt, so weidet auch mein Sohn seine erlöste Herde, denn er weidet sie in seinem Gesetz. Er erhebt jene über den Himmel dadurch, daß sie seine Glieder werden. Deshalb erscheint auch der Mensch in seiner Gestalt so im innern Geheimnis der Gottheit, wie es nicht die Engel und die andern Geschöpfe tun, weil mein Eingeborener zur Erlösung des menschlichen Geschlechts im jungfräulichen Fleisch Menschengestalt annahm. Du siehst sie deshalb auf der Brust des Vaters erscheinen, weil der Menschensohn mit seinen Gliedern im Geheimnis des Vaters vollendet wird. Wenn nämlich die Welt vollendet werden wird, dann werden auch die Auserwählten Christi, die seine Glieder sind, vollendet sein.

9. Es erstrahlt in ihm die herrlichste Schönheit der leuchtendsten Gestalt ohne eine Makel der Sünde und menschliche Befleckung und ohne die Begierlichkeit

des sündigen Werkes, welche das sterbliche Fleisch in seiner Schwachheit fordert. Die Gestalt des Menschensohnes wurde in Einfachheit vor andern Menschen geboren, da die unversehrte Jungfrau ihren Sohn ohne Wissen von Sünde gebar und nichts wußte von Mühseligkeit dabei. Die innerste Liebe seines Herzens zu den Menschen ist solcher Art, daß er seinen Sohn zur Schande an das Kreuz sandte wie ein sanftes Lamm, das als Opfer zur Schlachtbank getragen wird, weil mein Sohn das verlorene Schaf zurückgetragen hat, welches er dem Rachen des Wolfes entriß. Von diesen aber sind viele mit Schmuck angetan, es sind jene, welche auch mit dem kostbaren Schmuck der Tugenden geziert sind, es sind die Märtyrer, Jungfrauen, unschuldigen Kinder und unter ihren Lehrern Büßende, die sich ihrer Übeltaten bewußt sind. Sie kreuzigen sich in unaufhörlichem Kampf.

10. Du siehst aber von dem Thronenden einen großen Kreis von goldener Farbe wie die Morgenröte sich erstrecken, dessen Durchmesser du keineswegs wahrnehmen kannst, weil vom allmächtigen Vater die stärkste Macht ausgeht, und sein machtvolles Werk alles umfaßt in jener Macht, mit welcher er in seinem Sohne wirkt, der in der Majestät der Gottheit immer bei ihm ist, und durch den er alles ordnet und alle seine Werke vollendete vor der Welt und seit Schöpfung der Welt. Er erglüht rot wie die Morgenröte in schönstem Glanz, weil der Sohn in der Jungfrau, welche die Morgenröte versinnbildet, Fleisch annahm durch Gottes Eingebung, seinen hl. Geist, in dem auch jedes Werk des Vaters geschieht.

11. Derselbe Sonnenkreis geht herum von Osten zum Süden und von Westen auch zum Süden und biegt

sich rückwärts nach Osten zu dem Thronenden, der unbegrenzt ist, weil die Macht und die Werke Gottes alle Geschöpfe in sich begreifen. Wieso? Im Willen des Vaters, der mit dem Sohne und dem hl. Geiste ein Gott ist, haben alle Geschöpfe ihren Ursprung. Alle nehmen ihn bei ihrer Erschaffung wahr, nämlich, daß er vom Osten ausgeht, die Sonne der Gerechtigkeit, und sich südwärts wendet zur Verwirrung des Teufels, und nach Westen, wo Todesdunkel das Licht des Lebens unterdrücken will. Das Licht ersteht aber von neuem, nachdem es das finstere Dunkel besiegt hat und, sich nach Süden wendend, wo die Glut göttlicher Gerechtigkeit in den Herzen der Gläubigen brennt, zieht es sich gen Osten zum Aufgangspunkt der Gerechtigkeit zurück. Was bedeutet das? Während durch höchste Macht das Werk Gottes gemäß der von Gott vorherbestimmten Zeit in den Menschen dieser Welt vollendet wird, vollzieht sich auch der Kreislauf dieser Welt, der vollendet sein wird am Ende der Zeit, nämlich am jüngsten Tage: dann werden alle Werke Gottes in seinen Auserwählten vor dem Unbegrenzten auf dem Throne leuchten; weil Gott vollkommen ist in seiner Macht und in seinen Werken, er, der war, gegenwärtig ist und bleiben wird ohne einen Anfang in der Zeit nach seiner Gottheit, deshalb, weil er nicht war sondern ist.

12. Der Kreis befindet sich von der Erde in einer solchen Höhe, daß du ihn nicht erfassen kannst, weil die himmlische Macht so erhaben ist über alles Leben der Geschöpfe im Gefühl und Geist des Menschen und so unbegreiflich in allen Dingen und über allen ist, daß kein Geschöpf sie irgendwie messen kann.

13. Aus sich läßt Gott einen schrecklichen Glanz hervorgehen, der steinerne, goldene, feurige Farbe be-

sitzt, weil die göttliche Macht aus sich harte Kraft in großer Strenge gegen erheuchelte und unbußfertige und ungesühnte grausige Bosheit sendet. Und er erscheint wie Gold, weil Gott die klare Gerechtigkeit ist, und gleichsam feurig, weil er selbst das leuchtende Feuer ist, das die Sünde verbrennt.

14. Der Glanz aber breitet sich so nach allen Seiten gemäß seiner Höhe aufwärts zum Himmel und herab in Abgrundtiefe aus, so daß du sein Ende nicht erblicken kannst, weil die Kraft göttlicher Macht und göttlichen Werkes und seine Gerechtigkeit und sein höchst richtiges Urteil in ihrer Unbegreifbarkeit in den Himmelshöhen und in tiefen Abgründen keine Begrenzung hat, die von menschlichem Geiste erfaßt werden könnte, da er über allem ist.

15. Du siehst auch von der Seite des auf dem Throne Sitzenden einen großen Stern mit sehr vielem Glanz und Schönheit aufgehen und ihn eine sehr große Fülle von niederfallenden Funken begleiten, weil nach dem Gebot des allmächtigen Vaters der Engel Luzifer, welcher der Teufel ist, bei seinem Ursprung mit großer Herrlichkeit geschmückt und mit vieler Klarheit und Zier bekleidet war, und mit ihm alle Funken seiner Schar, die damals im blendendem Lichtglanz herunterfielen, jetzt aber ausgelöscht sind in tiefem Dunkel; denn, geneigt zum Bösen, schaute er nicht auf mich einzig Vollkommenen, sondern glaubte, auf sich selbst vertrauend, das beginnen zu können, was er wollte und zu vollenden, was er begänne. Mit jenem Stern sind alle nach Süden gewandt und schauen den Thronenden gleich wie einen Fremden an, und sich von ihm abkehrend, begehren sie mehr nach Norden als ihn zu betrachten, weil Luzifer und seine Begleiterschar

wunderbar erschaffen und im brennenden Reichtum Gottes begründet sind, gleichsam versteckt in seinem Stolz den Himmelslenker verachten. Sie wurden aber sogleich bei dem Abwenden ihrer Schau alle ausgelöscht und in schwarze Kohle verwandelt, weil sie es hochmütig verschmähten, Gott zu kennen, und Luzifer mit seinem Gefolge wurde in seiner Bosheit des blendenden Lichts beraubt, mit welchem er durch Gottes Macht umgeben war, da er in sich selbst die innere Schönheit zerstörte, mit welcher er Gutes wirken sollte. Von ihnen erhob sich aber ein Wirbelwind, welcher sie bald von Süden hinter den Thronenden zurückwarf und nordwärts in den Abgrund stürzte, so daß du niemand von ihnen mehr wahrnehmen kannst. Das ist so, weil sich der größte sündhafte Stolz erhob in den abtrünnigen Engeln, als sie Gott übertreffen und ihn unterjochen wollten. Er aber schleuderte sie von Süden, das will besagen vom Guten, rückwärts, d. h. in die Vergessenheit des alles regierenden Gottes. Gleichsam in nördlicher Richtung, damit sie dort verwirrt den Fall fänden, wie sie dort stolz erhöht werden wollten und wegen ihres Stolzes jählings in den Abgrund ewigen Todes gestürzt wurden.

16. Jenen großen Glanz, der ihnen entzogen ward, sahst du sogleich bei ihrem Verlöschen zu dem Thronenden zurückkehren, weil der durchsichtige und große Glanz, welchen der Teufel wegen seines Stolzes und seiner Schandtat verlor, als in ihn und allen, die ihm folgten, der Todeskeim eindrang, zu Gottvater zurückging, aus dem er hervorgegangen war, und bewahrt bleibt in seinem Geheimnis; denn der Ort seines Herzensglanzes durfte nicht unausgefüllt bleiben, sondern Gott bewahrte ihn auf für ein anderes geschaffenes

Licht. Dem Teufel und Gefolge befahl Gott, nackt sich zu erheben, ohne ein Bedecktsein von Fleisch, den Glanz aber bewahrte er im Schlamm, mit welchem er den Menschen bildete, indem er ihn mit niederstem Erdstoff bedeckte, damit er sich nicht zur Ähnlichkeit Gottes erhöbe. Nun habe ich, der Himmelsgott, das strahlende Licht, welches ich dem Teufel ob seiner Missetat entzog, bewahrt, es sorgfältig bei mir verborgen und es dem Schlamm der Erde gegeben, welchen ich zu meinem Bild und Abbild formte, wie ein Mensch es tut, wenn sein Sohn stirbt, und dessen Erbschaft nicht auf seine Kinder übergeht, weil er keine hat, und sein Vater sich seinen Erbteil aneignet und ihn einem anderen nachgeborenen Sohn nach seinem Willen austeilt, wenn er ihm geboren ist.

17. Wieso? Der Teufel wollte dieses Vorbild nicht nachahmen und sich seinem Schöpfer unterwerfen, wie der Sohn Gottes sich seinem Vater unterworfen hat.

DIE ZWEITE VISION: VON DER GOTTESSTADT.

Dann sah ich in dem Kreise, welcher sich von dem Thronenden ausbreitete, wie einen großen Berg, der in Verbindung stand mit dem Fuß jenes ungeheuren Steines, auf welchem die Wolke mit dem Thronenden gelagert war. Der Stein schien zur Höhe gerichtet und der Berg in die Breite gedehnt zu sein. Oben auf dem Berge stand ein viereckiges Gebäude, das Ähnlichkeit mit einer viereckig gebauten Stadt zeigte, jedoch eine Seite etwas geneigt hat. Die vier Ecken blickten je nach Osten, Westen, Norden und Süden. Um das Gebäude herum zog sich eine doppelte Mauer, deren einer Teil leuchtend wie das Tageslicht war, und der andere eine Zusammenfügung von Steinen derart zwischen dem östlichen und nördlichen Winkel, daß jener leuchtende Teil der Mauer von der östlichen Ecke verlängert wurde und in der nördlichen Ecke endete. Kein Teil war davon ausgeschlossen. Die steinerne Mauer verlängerte sich von der nördlichen zur westlichen Ecke bis zum südlichen Winkel und schloß im östlichen ab; sie wurde aber zweimal unterbrochen, nämlich bei der westlichen und südlichen Ecke. Die Länge des Gebäudes betrug 100 Ellen, die Breite 50 Ellen, die Höhe 5 Ellen; so waren die beiden Mauern an jeder Seite von gleicher Länge und die zwei anderen vorn und rückwärts von derselben Breite. Ihn bewundernd, sprach er wiederum von seinem Throne aus zu mir: »Der in den alten Heiligen in Verbindung mit dem Berg der Gerechtigkeit durch den gütigen Vater im Himmel aufgebaute Glaube erschien zuerst blaß, schritt aber nach der Menschwerdung des Sohnes Gottes in deutlicher Offenbarung mit brennenden Werken in strahlendes Licht voran. Denn der Gottessohn begehrte nicht nach Vergänglichem, sondern lehrte es durch sein Beispiel verachten und das Himmlische lieben. Ihm taten es die alten Väter gleich, die die Welt nicht flohen noch sich von ihr trennten, aber Gott in einfältigem Glauben und demütiger Hingabe lehrten, weil es ihnen noch nicht gezeigt war, alles zu verlassen.

2. Daher siehst du auch im Kreisumfang einen großen Berg von dem Thronenden sich erstrecken und mit dem Fuß jenes gewaltigen Steines in Verbindung stehen, auf dem die Wolke und der Thronende ruht. Der Stein scheint emporgerichtet und der Berg in die Breite gezogen, weil in dem mächtigen und starken Werk des Himmelsvaters der Berg des Glaubens steht. Dieser ist groß an Kraft und erhebt sich offenkundig in Abrahams Beschneidung und lebte weiter bis zum Sohne Gottes nach der Vernichtung der alten Schlange in den Menschen, die vom hl. Geiste erfüllt waren. Die sollten in des Vaters Barmherzigkeit getreulich wirken und jenen für den allmächtigen Gott halten, der einen solchen Feind überwinden konnte, so daß sie, durch diesen

Glauben emporgehoben, zu jener Herrlichkeit gelangten, von der der Teufel durch seinen Hochmut verstoßen wurde und zugrunde ging.

3. Dieser Berg stößt an den Fuß des genannten Steines, der das Geheimnis der Furcht des Herrn in sich birgt, weil der Glaube in Gemeinschaft mit beständiger Furcht vor dem Herrn ist, und diese auch die Glaubenskraft ausmacht. Diesen Glauben bringt die Furcht des Herrn so zum Fortschritt, daß er Gott in seiner Erhabenheit mit allen Kräften berührt, und Gott, der Allmächtige, in der Weisheit gläubiger Gemüter verehrt wird.

4. Auf dem Berge steht das viereckige, einer Stadt ähnelnde Gebäude, weil die Güte Gottes gute Werke auf dem Glauben aufbaut, viele Gläubige aus allen vier Weltenden sammelt und sie zum Himmel zieht, sie also befestigend in der Beständigkeit der Tugenden, nämlich in innerlicher Macht und seinem mystischen Ratschluß sie gnädig zusammenfügt mit den vier Grundpfeilern im Glauben.

5. Wieso? Ich, der Allerhöchste, habe bei meinem Werk Adam als den ersten Grundstein bestimmt. Dieser ging weiter bis zum zweiten Eckstein, bis zu Noe, zu dessen Zeiten die Sintflut hervorbrach, und in dessen Arche ich meines Sohnes Geheimnisse im voraus zeigte. In diesem Noe offenbarte ich durch meine Ermahnung jenen leuchtenden Teil der genannten Gebäudemauer, weil ich in der Sintflut die Sünder erstickte und den Menschen einen Wink gab, den Tod zu fliehen und das Leben anzustreben. Der Mensch ist ein Doppelwesen, weil er, solange er im Körper lebt, mit seiner Seele und seinem Körper Gutes oder Böses wirkt. Die Beschneidung und das Gesetz in Abraham und Moses

gingen dem vierten Grundstein der hl. Dreifaltigkeit voraus, in welchem das Alte Testament durch Gottes Sohn abgeschlossen wurde, was auch äußerlich in die Erscheinung trat. Durch Gottes Sohn erhob sich auch ein innerer Sproß in der Kirche; er stellte jene Ecke in den Seelen der Menschen wieder her, welche in Adams Fall verborgen und zwecklos geworden war.

6. Das Gebäude ist etwas seitwärts geneigt, weil der Mensch, obgleich er Gottes Werk ist, wegen seiner Gebrechlichkeit nicht ohne Sünde seinen Lebensweg wandeln kann.

7. Die Ecken schauen nach Osten, Westen, Norden und Süden, weil der Sohn Gottes aus der Jungfrau geboren ward und im Fleische duldete, damit in der neuen Gerechtigkeit der Mensch zum Leben wiedergeboren wurde, was nicht ohne Gerechtigkeit geschehen kann. Dies bedeutet die östliche Ecke; den Beginn der Seelenerrettung, welche von Abel bis zu ihm selbst vorgebildet war; in ihm hörte das Gesetz der fleischlichen Beobachtung des Alten Testamentes auf, als das Heil der gläubigen Menschen durch den Glauben herannahte, welchen Gottes Sohn schenkte, da er am Ende der Zeiten vom Vater in die Welt gesandt wurde, dies bedeutet die westliche Ecke. Wider den Teufel erhob sich auch in Abraham und in Moses die Gerechtigkeit, indem sie die verheißene Gnade vorauskündigten, durch welche der Mensch gerettet war, der vom Teufel getäuscht wurde, ihn wie einen Räuber in Adam tötete, dies kündet die nördliche Ecke. Der elende Todesfall, den das Menschengeschlecht tat, wurde später durch himmlische Gnade edel und herrlich wieder gut gemacht in vollem Maße in göttlicher und menschlicher Glut. Dies zeigt die südliche Ecke an. Die Südecke ist's

auch, weil der erste Mensch, Adam, von Gott erschaffen wurde. Weil aber von dieser Ecke die wissende Schau der Erkenntnis der beiden Wege nicht zu leuchten begann, nämlich bei Adam, da sein Geschlecht ungeordnet sich befand, Gott nicht dienstbeflissen verehrte unter der Knechtschaft des Gesetzes, sondern nur seinem eigenen Willen zum größten Unheil folgte.

8. Die Ecke nach Osten bedeutet Noe, denn in ihm begann die Gerechtigkeit sich zu zeigen. Dort wurde auch die wissende Schau offenkundig bekannt und zeigte die Fülle der Heiligkeit, welche nachher im Sohne Gottes vollendet werden sollte. Im Sohne Gottes ging die Gerechtigkeit, die wahre Morgensonne auf, daher ward auch dies Gebäude anfangs zu Ehren der hl. Dreifaltigkeit »Osten« genannt, wie vorhin schon bei Noe in Wahrheit dargelegt wurde. Die Nordecke bedeutet Abraham und Moses, welche um den Satan und sein Werk das schauende Wissen legten, gleichsam es mit kostbaren Edelsteinen umbauend und von oben her mit dem goldenen Werk heller Klarheit Gottes es bereichernd, nämlich durch Beschneidung und Gesetz. Die vierte Ecke nach Westen bedeutet die hl. Dreifaltigkeit, welche sich bei der Taufe des Erlösers zu erkennen gab, der die reiche und heilige Stadt Jerusalem erbaute durch seine Macht und dann zum Himmel zurück eilte zur Erlösung der Seelen.

9. Das Gebäude hat um sich herum eine Mauer mit zweifacher Form, deren eine leuchtend hell ist wie das Tageslicht, und jene andere ist eine Zusammenfügung von Steinen in der Ost- und Nordecke; denn durch Gottes Vatergüte wurde den Menschen eine Sicherheit gegeben; diese ist ihre Befestigung und Verteidigung,

mit denen sie in allen ihren Werken umgeben und gestärkt wurden, um die fleischlichen Gelüste aufzugeben und ihre Zuflucht zu Gott, ihrem Hort, zu nehmen. Die Mauer hat zwei Formen, deren eine das schauende Wissen der beiden Wege bedeutet, denn der Mensch besitzt jenes Wissen in klarer und bestimmter Schau seiner Seele, um alle seine Wege zu durchforschen. Die zweite Mauer gleicht dem staubgeborenen Fleisch des Menschen, weil der Mensch von Gott erschaffen wurde und das Werk in seiner Ausführung tätigte.

10. Das betrachtende Wissen leuchtet in Tageshelle, damit die Menschen ihre Handlungen sehen und überlegen. Der leuchtende Strahl ist der Menschengeist, der sich vorsichtig nach allen Seiten umsieht. Dieses Wissen ist schauend, weil es an einen Spiegel erinnert. Eine solche Betrachtung entspricht vernünftigem Sinn, den Gott in den Menschen hinein gab. Des Menschen Seele wird auf ewig leben, weil sie voll Vernunft ist. Daher fühlt auch der Mensch in der Betrachtung von Gut und Böse, ob er ein verworfenes oder auserwähltes Werk ist. Die Gnade wurde gesteigert in der Erwählung zur Taufe und in der Heiligung der Seele durch das Neue Testament.

11. Die aus Steinen zusammengefügte Mauer bedeutet das Menschengeschlecht und auch die rechtmäßigen Einrichtungen, welche hohen Geistern, dem des Abraham, Moses und anderer entsprangen, denn sie waren der vorauseilende Keim göttlichen Gesetzes samt allen Zugaben der Gerechtigkeit Gottes im Menschen bis auf die jüngste Zeit. Göttliches Wirken entfaltet sich im Menschen und durch den Menschen, weil Gott seinen Sohn, um die Menschen am Ende des Gesetzes selig zu machen, sandte. 12. Beide Mauern sind

im östlichen und nördlichen Teil in eins zusammengefügt, da ja im schauenden Wissen und im menschlichen Werk der gemeinsame Schluß der Gerechtigkeit ist. Der Teufel verschlang das menschliche Geschlecht von Adam, bei dem das schauende Wissen im Verborgenen war, mit aller Gier bis auf Noe, denn in ihm zeigte sich dieses Wissen deutlich. Nichtsdestoweniger vertraute der Teufel, das ganze menschliche Geschlecht zu besitzen, das in der Sünde so sehr seinen Geboten folgte, bis zu Abraham und Moses, der nördlichen Ecke. Vor deren Auge stand die Sünde bloß in ihrer Häßlichkeit und weder durchbrochen noch vermindert durch die Gerechtigkeit des göttlichen Gesetzes, weil weder Beschneidung noch Gesetz schon bestand. In diesen Vätern ward der Teufel zu einem Nichts, er, der vorher in der Welt verwegen regierte.

13. Der Tod herrschte von Adam bis auf Moses, weil niemand wider ihn stritt, noch ihn überwand. Die Strenge und Beobachtung des Gesetzes war vor Moses nicht vorhanden, außer der Beschneidung an Abraham auf göttliches Geheiß,, aber das Laster des Todes schritt von Irrtum zu Irrtum, wie es ihm gefiel. Dann entsproß aus Gottes starkem Willen sein Kämpfer Moses und bereitete stärkere Waffen der Gerechtigkeit, durch welche der Tod in seiner Form vernichtet wurde durch die Werkzeuge des Gesetzes, denn das Gesetz barg in sich alles Heil für die Seelen im Vorbild des Sohnes Gottes.

14. Der steinerne Teil der Mauer verlängert sich von der Nordecke zur westlichen, und von der südlichen Ecke schreitet er in die Ostecke. Dies soll die gerechten Werke der Menschen bedeuten, die in Gott ihren Hort haben. Diese schreiten von der nördlichen

Ecke, d. h. von Abrahams Beschneidung, mit dem Gesetz des Moses und den Zugaben ihrer Gerechtigkeit in den Menschen bis zur westlichen Ecke, wo sich die klare Gerechtigkeit in der Menschwerdung von Gottes Sohn erhob. Dann breitet sich die Mauer weiter zur Südecke aus, wo das feurige Werk durch die Taufe und durch die übrige Gerechtigkeit der erwählten und neuen Braut des Sohnes Gottes zur Wiederherstellung Adams in der Gnade entflammt wurde, wiederum verlängert sie sich und mündet wieder in die erste östliche Ecke, um zum höchsten Vater zurückzukehren.

15. Die Länge des Gebäudes beträgt hundert Ellen, weil die Zahl 10 in der Sünde des Menschen vermindert wurde und in meinem Sohne durch Vervielfältigen dieser Zahl von zahlreichen Tugenden wiedergewonnen ward. Von der Zahl 10 ausgehend, kommt man zu 100, dann zu 1000, was die Vollkommenheit in allen Tugenden bedeutet, damit die 1000 Kunstgriffe des Teufels zerstört werden, mit denen er die ganze Herde, die dem allmächtigen Gott lieb ist, verführt. So begann der Mensch alle Tugenden zu wirken und zu vollenden von Abel bis auf den jüngsten Tag, wie es die 100-Ellenzahl der Länge des Gebäudes anzeigt, welches Gott in mystischem Bild den Menschen zeigt.

16. Du siehst die Breite dieses Gebäudes fünfzig Ellen betragen, weil die ganze Weite menschlicher Laster, die im Dienste Gottes bauen sollten, in die fünf Wunden meines Sohnes, die er am Kreuze erlitt, ausströmten und barmherzig abgewaschen und nachgelassen wurden. Die Wunden seiner Hände vernichteten die Werke des ungehorsamen Adam und Evas; der Füße Wunden befreiten die Wege menschlicher Verbannung, und die Wunde seiner Seite, aus der die

Kirche hervorgegangen ist, zerstörte die Schuld Adams und Evas, weil Eva aus Adams Seite erschaffen worden war. Mein Sohn ward ans Kreuz geheftet, um das auszulöschen, was durch das Holz verkehrt wurde. Um den Geschmack des schädlichen Apfels zu zerstören, ward er mit Galle und Essig getränkt.

17. Die Höhe des Gebäudes beträgt 5 Ellen. Die Fünf ist besonders ausgezeichnet in den göttlichen Schriften, die der hl. Geist zum Nutzen des Menschen eingab, und in fünffachem Sinne, weil auch fünf Sinne im Menschen sind; mit diesen schaut er zur Höhe der Gottheit empor und unterscheidet das Gute vom Bösen.

18. Jene vier Wände sind ringsum das Gebäude von gleicher Höhe außer den Schutzmauern, welche sie etwas überragen; dies ist so, weil der Mensch in die vier Elemente hineingesetzt, überall den katholischen Glauben durch die Güte des Vaters mit gleicher Hingabe und Verehrung haben wird, wenn er den Sohn mit dem Vater und dem hl. Geist verehrt, der alles in ihnen wirkt.

19. Was bedeuten die vorstehenden Schutzmauern? Wenn der Mensch seinen guten Geist zur Höhe schwingt, dann baut er hohe Mauern von Gläubigkeit. Über diesen Glauben errichtet er einen höheren Tugendbau. Er erreicht noch höhere Tugenden, denn es genügt ihm nicht nur, den Glauben an Gott zu haben, sondern er will zur grünenden Palme emporsteigen, von Tugend zu Tugend; mit ihnen erhoben und geschmückt, gleicht der Glaube einer Stadt mit Schutzmauern.

20. Im nördlichen, westlichen und südlichen Teil ist die Breite zwischen dem Gebäude und jenem Glanz überall so groß, daß du sie nicht begreifen kannst. So

ist's, weil kein Mensch mit der Schwere eines sterblichen Körpers die Größe des Bösen im Innern des Teufels im Norden betrachten kann, noch sein Ende, da er in dem menschlichen Geschöpf bei seinem Fall mittätig war, noch den Anfang oder das Ende des brennenden Mittags, der himmlischen Gerechtigkeit.

DIE DRITTE VISION: VOM TURM DER VORBEREITUNGSZEIT.

Dann sah ich in der Mitte an der leuchtenden Gebäudemauer einen eisenfarbenen Turm stehen, der von außen auf die Mauer aufgesetzt war. Seine Breite betrug 4 Ellen und die Höhe 7 Ellen. Oben darauf gewahrte ich fünf einzelne Gestalten, die auf einem turmartigen Kegel standen. Die erste Gestalt blickte nach Osten, die zweite nach Westen, die dritte nach Norden und die vierte zur Säule des Wortes Gottes, an deren Fuß der Patriarch Abraham saß. Die fünfte Gestalt hatte ihren Blick zum Turm der Kirche und auf jene Menschen gerichtet, die im Gebäude eilends auseinanderliefen. Sie trugen ähnliche Kleidung bis auf die fünfte, die ganz bewaffnet schien. Die vier übrigen waren mit seidenen Gewändern und weißen Schuhen versehen. Die Kopfbekleidung indes war ungleich. Die erste Gestalt trug eine Bischofsmütze und hatte ihre weißen Haare ungeordnet; sie war mit einem weißen Mantel bekleidet, der innen zweifach purpurn zusammengewebt war. In der rechten Hand hielt sie Lilien und andere Blumen, in der linken aber eine Palme. Die Gestalt sagte: »O wonnevolles Leben und süße Umarmung ewigen Lebens, o beseligendes Glück, in welchem ewige Belohnungen verborgen sind; du bist immer von wahren Freuden erfüllt, von denen ich niemals ganz erfüllt, noch ganz gesättigt werden kann, von jenen geistigen Freuden, die in meinem Gott sind.« Die zweite Gestalt hatte ein purpurnes Unterkleid an; sie war ein Jüngling, der noch nicht zum vollen Mannesalter herangereift war, und dennoch trug sie sich voller Würde. Auch sie sprach: »Nicht kann mich der furchtbare Feind erschrecken, der Teufel, noch der Feind Mensch, noch die Welt unter Gottes Leitung, weil ich stets in den göttlichen Anblick versunken bin.« Die dritte Gestalt bedeckte ihr Angesicht mit dem weißen Ärmel ihrer rechten Hand und sprach: »O schmutzige Unreinheit dieser Welt, verbirg dich und fliehe vor meinen Augen, denn mein Geliebter wurde aus der reinen Jungfrau Maria geboren.« Die vierte Gestalt trug ihr Haupt nach Frauenart mit einem weißen Schleier verhüllt und trug einen Mantel aus safrangelbem Stoff. Auf ihrer Brust war das Zeichen Jesu Christi zu sehen, um welches im Kreise herum auf ihrer Brust geschrieben stand: »Durch innigstes Erbarmen unseres Gottes, in welchem uns der Aufgang aus der Höhe heimsuchte.« Und sie sprach: »Ich strecke meine Hände immer nach den Fremdlingen und Darbenden, nach den Armen und Klagenden und Schwachen aus.« Die fünfte Gestalt war völlig bewaffnet und trug sogar auf ihrem Haupte einen Helm. Sie trug auch einen Panzer und Beinschienen und Handschuhe. An der linken Seite hing ein Schild herunter und in der rechten Hand hielt sie Schwert und Lanze. Zu ihren Füßen aber lag ein Löwe, dessen Maul weit auseinander klaffte; die Zunge hing weit aus dem Maule heraus. Die Gestalt sprach: »Ich besiege den starken Teufel, Haß und Neid und dich, Unreinheit, die du mit frechem Truge spielst.« Zwei andere Gestalten sah ich zum Turme hingewendet stehen, von denen die eine auf dem Estrich des Gebäudes zu stehen schien, als befände sie sich in einem feuerglänzenden Bogen, der mit verschiedenen Bildern böser Geister innen ausgemalt war und sich gegen den genannten Turm lagerte. Die andere Gestalt stand seitlich davon, aber in keinem Bogen; beide schauten bisweilen zu dem Turm und zu den Menschen, die aus dem Gebäude ein und ausgingen. Beide waren in seidene Kleider gehüllt und trugen ihr Haupt nach Frauenart mit einem weißen Schleier verhüllt, hatten keine Mäntel, wohl aber weiße Schuhe an den Füßen. Die erstgenannte hatte auf ihrem Haupte eine dreifache rote Krone, die wie eine rote Hyazinthe leuchtete; die Falten ihres schneeweißen Untergewandes waren grün. Sie sagte: »Ich siege im Osten mit dem stärksten Sohne Gottes, der vom Vater ausging und für die Erlösung der Menschen in die Welt kam und wieder zum Vater zurückkehrte, nachdem er in größter Bitternis am Kreuze starb, von den Toten auferstand und zum Himmel auffuhr. Daher werde ich nicht zuschanden, weil ich das Elend und die Schmerzen dieser Welt fliehe.« Die zweite Gestalt trug ein weißes Untergewand, das sogar bleich erschien. In ihrer Rechten trug sie ein Kreuz mit dem Bilde des Heilandes Jesu Christi, über den sie ihr Haupt neigte und sprach: »Dieses Kind erlitt viel Elend in dieser Welt, und daher will ich, daß man immer trauert und wehklagt wegen der Freude ewigen Lebens, in das die guten Schafe durch den edlen Gottessohn eingeführt werden müssen.« Darauf sprach jener zu mir, der mir vom Throne aus dies alles zeigte: »Durch die Stärke und Beständigkeit göttlichen Willens keimten die göttlichen Tugenden schnell auf im Alten Testament; aber dort wurden sie, weil sie der Unwissenheit dienten, noch nicht vollkommen der Süße inne und die Fehlenden zu scharf durch Gesetzesstrenge gezüchtigt. Denen aber, die im neuen Gesetz durch Gottes Gnade viele Frucht brachten und nach dem Himmel dürsteten, wurde die vollkommene Speise, die die größte Wonne in sich begreift, dargereicht, denn das dunkle Zeichen ist ein Bild des Zukünftigen.«

2. Der Turm, den du in der Mitte der leuchtenden Gebäudemauer stehen siehst, ist ein Bild des vorbereitenden göttlichen Willens. In der Beschneidung und auf vielerlei andere Weise hat er sich geoffenbart, weil Gott im Zeichen der Beschneidung das Gesetz kundtat und durch das Gesetz die Gnade des Evangeliums; denn im Glauben des gläubigen Abraham erhob sich auch die Beschneidung unter mystischem Vorbild. Durch göttliche Macht unterwiesen sich die starken Tugenden, welche in Abraham anfingen, gleichsam wie in der Mitte des schauenden Wissens um die beiden Wege des menschlichen Verlangens unter dem Schutz der kräftigsten Güte des himmlischen Vaters; nachdem durch Gottes Willen offenbar geworden war, daß sie jenes im Bilde bedeuteten, was Gott tun wollte, bevor er es im Werke zeigte. Der der äußeren Mauer aufgesetzte Teil scheint von eiserner Farbe zu sein; sie bedeutet Gottes Stärke und unbesiegliche Gerechtigkeit, die sich in schauendem Wissen nach außen hin durch die Beschneidung kundgibt, welche lieblicher Art war, vereint

mit den glückbringenden Tugenden in den geistigen Menschen einer geistigen Mauer, die Gott in den Menschen aufrichtet.

3. Der Turm ist vier Ellen lang, weil nach göttlichem Willen die Tugenden im Menschen wirken; in ihm, der im Bereich der vier Elemente steht, mit Hilfe derer er sein leibliches Leben führt. Der Turm scheint sieben Ellen hoch zu sein, weil in der Erhabenheit der sieben Gaben des hl. Geistes eine solche Festigkeit besteht, die mit einem starken Turm verglichen werden kann, aus welchem die Kirche durch die Menschwerdung meines Sohnes ihren Ursprung nahm, nachdem sie schon in der Beschneidung des Alten Testamentes vorgebildet war.«

4. Du siehst auf dem Turme fünf Gestalten für sich stehen; sie erheben sich in Wölbungen, die einen turmähnlichen Kegel über sich hatten. Dies bedeutet, daß im Turm der Beschneidung fünf starke Tugenden enthalten waren, weil nicht jede für sich lebensvoll ist, sondern nur eine leuchtende Sphäre, die von Gott ihr Licht erhält und im Dienste des Menschen aufstrahlt. Die fünf Tugenden sind in Angleichung an die fünf Sinne des Menschen in diesem Turm, weil die Menschen eifrig die Beschneidung sich zu eigen machten, wie auch die fünf Sinne des Menschen von der Kirche durch die hochheilige Taufe beschnitten werden. Die erste Gestalt schaut nach Osten, weil die ihr entsprechende Tugend mit Liebestrauen zu Gottes Sohn blickt. Die zweite Gestalt ist nordwärts gerichtet, denn sie betrachtet den östlichen und nördlichen Teil; sie schaut mit großer Zucht zu Gott, dem sich Erhebenden, und verschmäht leichtfertige Zügellosigkeit. Sie verachtet – was dem Norden entspricht – nicht das Gesetz Gottes. Die dritte Gestalt

blickt nach Süden, weil sie die in Übermaß vorhandene Unzucht kraftvoll ablehnt und sich davor durch ordnungsmäßige Einrichtung zu schützen sucht. Die vierte Gestalt aber wendet sich der Säule des Wortes Gottes zu: an ihrem Fuße hat sich der Patriarch Abraham niedergelassen, weil er ein Bekenner der göttlichen Menschwerdung war. Die fünfte Gestalt blickt zum Turm der Kirche und zu jenen Menschen, die im Gebäude eilends umherlaufen. Denn sie hat siegreich alle Ungerechtigkeit, die in Adam ihren Anfang nahm, zunichte gemacht, indem sie zur Kraftquelle der katholischen Kirche sich hinwandte, um unablässig gegen die teuflischen Laster anzukämpfen und die in sie verstrickten Menschen.

5. Eine gewisse Ähnlichkeit ist ihnen gemeinsam, weil sie Gott mit gleicher Hingabe in den Werken der Menschen verehren. Jede von ihnen war mit einem seidenen Gewand bekleidet, weil jede Tugend in sich süße Wonne hat, mit der sie weder belästigt noch fesselt; sondern wie der Balsam lind aus dem Strauche träufelt, so arbeitet auch die Wonne des himmlischen Reiches in den menschlichen Gemütern ohne Niedrigkeit und starre Gerechtigkeit. An ihren Füßen tragen die Gestalten weiße Schuhe, denn sie folgen auf geradem Wege der Gerechtigkeit in der Helle des Himmelreiches. Nur die fünfte Gestalt erscheint ganz bewaffnet, weil sie auf die Kirche gerichtet ist, in der die größten Kämpfe gegen die teuflischen Laster zur Vollendung kommen. Die zweite und dritte Gestalt ist barhäuptig, hat aufgelöstes weißes Haar, weil sie sich keine Mühe, weder durch Reichtum noch durch Begierde, auferlegen aus Liebe zu mir. Unbedeckten Hauptes: weil sie mit offenem Gewissen mir das Verborgene anzeigen,

immer in Liebesglut brennen und deshalb Verwirrung und schändliche Fleischeslust von sich werfen. Die weißen Haare versinnbilden die geistige Klarheit, die nach guten Werken sich sehnt. Sie haben kein Obergewand, weil sie heidnische Sitten von sich abschütteln, nämlich weltliches Gebaren mit der Unkeuschheit und dem Schmutz des Teufels. Die erste, dritte und vierte Gestalt tragen weiße Untergewänder, was das Ergreifen der Unschuld, die die Menschwerdung meines göttlichen Sohnes mit der Süßigkeit der Keuschheit vorbildete, bedeutet. Dieser hat den Menschen vom Tode frei gemacht und ihn mit dem Heile zum Leben bekleidet. Ein Unterschied ist insofern in ihnen, als ihre Kraft sich gegenseitig im hl. Geiste ergänzt. Aber dasselbe Verlangen, in Gott zu sein, haben sie alle.

6. Die erste Gestalt bedeutet die himmlische Liebe, weil sie in erster Linie der menschlichen Seele innewohnen muß. Auf ihrem Haupte trägt sie eine Bischofsmütze, und ihre weißen Haare sind ausgebreitet, weil sie ganz schön gekrönt ist im höchsten Priester Jesus Christus und mit den Hohenpriestern des Alten Testamentes.

7. Die zweite Gestalt bedeutet die Zucht, weil der glühenden Liebe zum himmlischen Leben die Bezähmung fleischlicher Begierden in großer Zerknirschung folgt. Sie ist mit einem purpurnen Gewand bekleidet, weil mein Gesetz und die Abtötung des menschlichen Fleisches sie umgibt.

8. Die dritte Gestalt versinnbildet die Schamhaftigkeit, weil auf die Zurechtweisung schamhafte Scheu folgt, die die verwirrende Sünde von sich tut. Deshalb berührt sie auch ihr Antlitz mit dem weißen Ärmel ihrer rechten Hand, denn sie beschirmt das innerliche

Gewissen wie das Antlitz ihrer Seele, flieht vor Unzucht und teuflischer Befleckung, indem sie sich mit dem Gewande der Unschuld und der Keuschheit verteidigt.

9. Die vierte Gestalt bedeutet das Erbarmen, weil nach der Schamhaftigkeit sich die Tugend der Barmherzigkeit gegen die Notleidenden erhebt, wie auch im Herzen des ewigen Vaters das wahre Erbarmen seiner Gnade wohnt. Das Erbarmen erscheint in weiblicher Gestalt als die beglückendste Mutter verlorener Seelen; denn wie das Weib sein Haupt verhüllt, so unterdrückt das Erbarmen den Tod der Seelen. Wie das Weib sanfter ist als der Mann, so ist auch die Barmherzigkeit gütiger als sinnlose Wut.

10. Die fünfte Gestalt versinnbildet den Sieg, denn nachdem ich meine Barmherzigkeit in der Beschneidung zeigte, wollte ich meinen Sohn in die Welt senden; der Sieg ging schon aus der Beschneidung hervor und machte größeren Fortschritt bis zu meinem Sohne und in Verbindung mit ihm bis auf den jüngsten Tag.

11. In dem Gebäude selbst stehen zwei andere Gestalten dem Turme zugewendet. Im Werke des himmlischen Vaters, das er durch seinen Sohn wirkte und offen durch die Beschneidung zeigte, erhoben sich zwei Tugenden wie ein Schatten, nämlich das Beispiel Christi und seine Nachfolge. Die beiden zum Turme hinblickenden Tugenden stehen ohne Überdeckung in einer Wölbung, um anzudeuten, daß sie frei sind von der Macht dieser Welt und ohne Heimlichkeit das Kreuz Christi tragen. Denn sie sind die Vorläufer des göttlichen Willens und voll des Vorbildes und betrachten ihren Ursprung in der Beschneidung des Alten Testamentes. Dennoch sind sie größer in ihrem Anfang

als die Beschneidung, weil das strahlende Werk den Beginn der Lehre überragt. Bisweilen blicken sie auch auf die Menschen, die im Gebäude ein- und ausgehen.

12. Die erstere Gestalt bezeichnet die Geduld und erhebt sich in Abrahams Kraft; bei ihm begann der Gehorsam gegen Gott in der Beschneidung zuerst nach Adams Fall; er ging dem wirkenden Gehorsam in wahren Worten, nämlich im Sohne Gottes, voraus, wie der Ton dem Wort vorauseilt.

13. Die andere Gestalt seufzt, erhebt in meinen Auserwählten die klagende Erinnerung an das Leben und zugleich aber auch meine Mahnung. Mein Volk trug im Alten Testament und trägt im Neuen diese Erinnerung mit sich, die wie ein Seufzen mit ihrem klagenden Schutz für den Schuldigen ist; sie ist die wahre Zerknirschung des Herzens.

DIE VIERTE VISION: VON DER SÄULE DES GOTTESWORTS.

Jenseits des Turmes des vorbereitenden göttlichen Willens sah ich im nördlichen Winkel eine gelbliche Säule in einer Ellenlänge Abstand, die von außen an die leuchtende Gebäudemauer gestellt war; diese verursachte einen schrecklichen Anblick, denn sie war so groß und hoch, daß man ihre Maße nicht abschätzen konnte. Jene Säule hatte drei scharfe Kanten von ihrem Fuß bis zur Spitze, die einem Schwerte glichen. Die erste dieser Kanten war nach Osten gerichtet, die zweite nach Norden, die dritte aber nach Süden und von außen mit dem Gebäude verbunden. Aus der östlichen Kante sproßten Zweige von der Wurzel bis zur Spitze hervor. Nahe dem Fuße sah ich im ersten Zweige Abraham sitzen; im zweiten Moses, im dritten Josue; dann folgten die übrigen Patriarchen und Propheten in den einzelnen Zweigen, genau so, wie sie in dieser Zeitlichkeit nacheinander erschienen waren. Alle diese Gestalten blickten nach der nördlichen Kante voll der Bewunderung, was sie im Geiste voraussahen. Nur zwei von ihnen schauten nach Osten und nach Norden, und vor ihrem Antlitz schien die Säule von unten bis oben gewunden und rund zu sein, sowie faltig wie die Rinde eines Baumes, aus der der junge Keim ausschlägt. Von jener zweiten Kante, die nach Norden sah, ging ein Glanz von wunderbarer Klarheit aus, der auf die Südkante überging und von ihr zurückgeworfen wurde. In dieser hellen Klarheit, die sich weithin ergoß, erblickte ich die Apostel, Märtyrer, Bekenner, Jungfrauen und zahllose andere Heilige, die in großer Freude einherschritten. Jene dritte Kante, die südlich blickte, war in der Mitte breit und weit, unten aber und an der Spitze etwas schmächtiger zusammengedrängt, wie ein Bogen, der sich beim Abschleudern der Pfeile weitet. Die Spitze der Säule war von solchem Lichtmeer umgössen, daß menschliche Worte es nicht schildern können; auf ihr erschien eine Taube, die in ihrem Schnabel goldene Strahlen trug, welche die Säule hell erleuchteten. In den Anblick dieser Erscheinung versunken, hörte ich eine Stimme vom Himmel zu mir sprechen, die mich mit großem Schrecken erfüllte: »Was du siehst, ist göttlich.« Ich wurde noch furchtsamer und wagte nicht mehr aufzublicken. Dann sah ich in dem Gebäude eine Gestalt vor der Säule auf dem Boden stehen und bald die Säule, bald die Menschen betrachten, die im Gebäude einherliefen. Die Gestalt war ganz von Licht umflossen, so daß ich infolge der übergroßen Helligkeit weder ihr Antlitz noch ihre Gewänder, mit denen sie bekleidet war, sehen konnte. Nur das gewahrte ich sicher, daß sie wie die übrigen Tugenden eine menschliche Gestalt besaß. Um sie herum sah man eine wunderschöne Menge, die Engeln ähnlich waren und Flügel trugen. Sie verharrten so ehrfürchtig, daß sie die Gestalt zu fürchten und auch zu lieben schienen. Noch eine andere Schar in Menschengestalt stand vor ihr. Sie waren dunkel gekleidet und in Furcht befangen. Die Gestalt sah auf die Menschen, die aus der Welt kamen und im Gebäude in ein neues Gewand gehüllt wurden. Sie sprach zu jedem einzelnen: »Betrachte das Gewand, mit dem du beschenkt wurdest, und vergiß nicht deines Schöpfers, der dich ins Leben rief.« Ich stand staunend da, als der Thronende wiederum mir sagte: »Gottes Wort erschuf alles.«

2. Daher bedeutet die Säule, welche du jenseits des Turmes des vorbereitenden göttlichen Willens siehst, das unaussprechliche Geheimnis des Wortes Gottes: denn im wahren Worte, d. h. im Sohne Gottes, ist alle Gerechtigkeit des Neuen und Alten Testamentes erfüllt.

3. Die Kante, die nach Norden steht, ist eine Elle breit, weil im menschlichen und einzelnen Lauf die besondere Verwandtschaft besteht, die die Patriarchen als bestimmteste Gerechtigkeit im Worte Gottes bezeichneten bis zum Gesetz, das gleichsam im nördlichen Teil wider den Teufel streitet.

4. Die gelbliche Farbe der leuchtenden Mauer, die das Gebäude von außen berührt, versinnbildet die unbezwingliche und siegreiche Macht des göttlichen Wortes, dem niemand in eitler Auflehnung oder durch nichtigen Stolz widerstehen kann.

5. Der Turm bietet einen schrecklichen Anblick dar, weil die Gerechtigkeit im Worte Gottes Furcht erzeugen muß für das menschliche Wissen, das in schimpflichem Gericht ungerechter Richter sich nur

nach eigenen Massen richtet. Da das Wort, der Sohn Gottes, mit der Größe seiner Herrlichkeit alle Geschöpfe in der Majestät, die er vom Vater her innehat, übertrifft, deshalb ist auch der Turm von so riesigen Ausmaßen.

6. Die drei scharfen Kanten von unten bis oben, die an ein Schwert erinnern, bedeuten also: die wandelnde und sich mehrende Stärke des Wortes Gottes in der Gnade, die das Alte Testament vorbedeutete, offenbarte sich im Neuen Testament durch den hl. Geist; er erklärte die drei Höhepunkte: das alte Gesetz und die neue Gnade und die Klarheit der gläubigen Lehrer, in welchen der heilige Mensch das wirkt, was gerecht ist, und zwar vom ersten Beginnen des guten Werkes an, und so aufwärts strebt zur Vollendung wie zum höchsten Gut, wenn er alles zu Ende bringt. Jegliches gute Werk war und bleibt, ja bleibt bestehen auf ewig in der unendlich einfachen Gottheit, die alles durchdringt.

7. Die erste Kante schaut nach Osten; dies soll folgendes versinnbilden: den ersten Versuch, Gott zu erkennen im göttlichen Gesetz vor dem Tag der vollkommenen Gerechtigkeit. Die zweite Kante ist nordwärts gerichtet. Die dritte Kante ist nach Süden von außen mit dem Gebäude verbunden, weil sie die tiefe und besondere Weisheit der Lehrer in der Glut des hl. Geistes bedeutet, die abgrundtief und stark durch die Werke der Gerechtigkeit ist und in den Evangelien den für das Verständnis fruchtbringenden Keim aufzeigten.

8. Aus der östlichen Kante schienen Zweige vom Fuß bis zur Spitze hervorzugehen, weil in der beginnenden Erkenntnis Gottes durch das Gesetz der Ge-

rechtigkeit, wie in östlicher Richtung, in der Zeit Zweige erschienen, die der Patriarchen und Propheten. Die scharfe Säule der Gottheit breitet dies alles aus von ihrem Fuß, d. h. vom ersten Beginnen in den Gemütern ihrer Auserwählten bis zur Höhe, nämlich bis zur Offenbarung des Menschensohnes, der der Inhalt aller Gerechtigkeit ist. Nahe dem Fuß siehst du im ersten Zweige Abraham sitzen, weil er in den göttlichen Willen einging, als er gelassenen Sinnes sein Heimatland verließ im Gehorsam zu Gott. Im nächsten Zweig sitzt Moses, weil die göttlich errichtete Pflanzung am Anfang des gegebenen Gesetzes durch Moses als Vorbild des allerhöchsten Sohnes sich erhob. Dann folgt Josue, weil er diesen Geist von Gott empfing, daß er die Menschen in Gottes Gesetz bestärkte und im göttlichen Gebot noch sicherer machte. Dann siehst du die übrigen Patriarchen und Propheten der Zeitfolge entsprechend auf die einzelnen Zweige verteilt.

9. Alle wenden sich zur Säulenkante, die nach Norden blickt; sie bewundern das, was sie im Geiste vorausschauen, denn ermahnt im hl. Geiste, wenden sie sich der evangelischen Lehre zu mit der Kraft des Sohnes Gottes, die den Teufel bekämpft. Sie sprechen von der Menschwerdung und staunen über sein Kommen aus dem Herzen des Vaters und dem Schoß der Jungfrau.

10. Zwischen den zwei Kanten (jener nach Osten und jener nach Süden) steht vor dem Angesicht der Patriarchen und Propheten eine von unten bis oben gewundene und runde Säule; voller Falten, gleicht sie einer Baumrinde, aus der die Sprößlinge hervorzugehen pflegen. Das soll bedeuten: Zwischen den beiden Höhepunkten meiner klaren Erkenntnis und der fol-

genden Lehre meines Sohnes hielt sich unter vorbedeutendem Bilde mein Wort, d. h. mein Sohn, von dem ersten Auserwählten bis zum letzten Heiligen in den Seelen der alten Väter, die mein Gesetz beobachteten, verborgen und offenbarte sich allen als der Gütige, wie er vorgebildet war in der finsteren Beschneidung, welche als ein Schatten des Zukünftigen durch den beigegebenen Ernst des Gesetzes den gerechtesten Keim in sich barg, den der höchsten und heiligsten Menschwerdung.

11. Von der zweiten Kante, die nach Norden liegt, geht ein wunderbar hellschimmernder Schein aus, der sich ausbreitet bis zur Südkante und wieder von dort aus zurückgeworfen wird. Dies soll das Neue Testament bedeuten, das dem Teufel entgegengesetzt ist, und von dem die Worte meines Sohnes ausgingen, die zu mir, ihrem Ursprung, wieder zurückkehren.

12. In diesem Glanz gewahrst du die Apostel, Märtyrer, Bekenner, Jungfrauen und viele andere Heilige in großem Glück auf und ab wandeln, weil sie in dem klaren Licht, in dem mein Sohn das Licht der Wahrheit predigte und verbreitete, zu Aposteln und Ausspendern des wahren Lichtes wurden. Die Märtyrer wurden zu kräftigen Streitern bestellt, die ihr Blut für den Glauben vergossen, die Bekenner zu Dienstbeflissenen für meinen Sohn; die Jungfrauen aber folgten der himmlischen Saat, und meine übrigen Auserwählten schöpfen ihr Glück aus dem Freuden- und Heilsquell, weil der hl. Geist sie durchdringt, so daß sie glühend von Tugend zu Tugend fortschreiten.

13. Die dritte Kante nach Süden ist in der Mitte breit und ausgedehnter, unten und oben aber etwas zierlicher und zusammengeschnürt wie durch einen Bogen,

der sich beim Abschleudern der Pfeile weitet. Was bedeutet das? Nach der Verbreitung des Evangeliums glühte jene Weisheit in dem Feuer des hl. Geistes in den Heiligen, das sie zu tiefst ersehnten, um dadurch den Sinn vom Worte Gottes zu begreifen. Dieser Glaube ist weitend, weil er das christliche Volk tröstet und stärkt, gleichsam ein mitten aus den Seelen der heiligen Lehrer ausgehender Sinn ist, der die tiefe Herbheit der Schriften durchforscht und jenen vielen dieses Wissen vermittelt, die von den heiligen Lehrern lernten. Wenn am Ende der Zeiten der Eifer von vielen nachläßt, weil ihnen göttliche Wissenschaft nicht der Liebe wert ist, dann verbergen sie sie vor ihrem Gewissen, um sie nicht in ein gutes Werk umsetzen zu müssen, gleich als erkennten sie das Gute nur äußerlich wie im Traum.

14. Die Spitze der Säule erscheint in eine solche Helligkeit getaucht, wie es die menschliche Zunge nicht auszusprechen vermag, weil der himmlische Vater in seinem höchsten und tiefsten Geheimnis die Mysterien seines Sohnes kund tut. Dieser erstrahlt wiederum in seinem Vater mit höchstem Glanze, in welchem alle Gerechtigkeit offenbar wird wie auch in der Gesetzesbestimmung und besonders im Neuen Testament, das ganz licht ist von der es enthaltenden Weisheit. Eine Taube trägt in ihrem Schnabel ein Strahlenbündel von goldener Farbe, das die Säule hell erleuchtet. Dies soll den hl. Geist versinnbilden, der aufstrahlt im Herzen des Vaters durch das hell blinkende Licht des Sohnes. Der hl. Geist ist es auch, durch welchen die Geheimnisse des höchsten Gottessohnes erklärt werden. Der hl. Geist hat in seiner tiefsten Eingebung einen goldenen Glanz, d. h. eine alles überra-

gende Helligkeit seiner Salbung durch vielerlei und große mystische Benetzung, mit der er die Geheimnisse des Eingeborenen Gottes den alten Verkündern offenbarte. Kraftvoll verbrannte er das Gewinde des Alten Testamentes und pflanzte den geistigen Keim des Evangeliums mit seiner Gerechtigkeit.

15. Du siehst eine Gestalt vor der Säule auf dem Boden des Gebäudes stehen. Diese bedeutet das göttliche Wissen, das die Menschen und alles Übrige im Himmel und auf der Erde vorhererkennt. Diese Gestalt ist so in lichte Klarheit eingetaucht, daß weder ihre Gewänder noch ihr Antlitz, das schrecklich ist wie ein drohender Blitz und sanft in Güte wie das Sonnenlicht, zu unterscheiden ist. Sowohl in seiner Schrecklichkeit wie auch in seiner Sanftmut ist es unbegreifbar den Menschen. Das göttliche Wissen ist nämlich vor allem und in allem und von solcher geheimen Schönheit, daß von keinem Sterblichen eingesehen werden kann, mit welchem Maß von Milde es die Menschen erträgt.

16. Die Gestalt siehst du eine überaus schöne Schar Engel mit Flügeln umgeben und in solcher Verehrung stehen, die Furcht und Liebe zugleich ausdrückt, weil die seligen und erhabenen Geister in englischem Dienste das Wissen Gottes durch reinstes Lob verehren.

17. Eine andere Schar menschlicher Art erscheint in düstere Gewänder gehüllt und standen von Furcht gelähmt da. Der Mensch ist vor Gottes Angesicht in großer Ehre. Aber jene Schar dort sind gejagte Schafe. Sie haben ein menschliches Äußere, weil sich Zweifel bei den sündigen Werken regen, aber dennoch fürchteten sie Gottes Gericht. Ich nenne sie gejagte Schafe, weil ich sie auf vielerlei Art zusammentreibe, am zum Leben zu gelangen.

18. Die genannte Gestalt schaut auf die Ankömmlinge aus der Welt, die im Gebäude ein neues Gewand erhalten, weil das göttliche Wissen jene kennt, die die ruchlose Ungläubigkeit abwerfen und in der Kraft Gottes einen neuen Menschen für das ewige Leben in der Taufe anziehen.

DIE FÜNFTE VISION: VOM ZORN GOTTES.

Dann sah ich in der nördlichen Ecke, wo die zwei Gebäudemauern aneinander stießen, ein Haupt von sonderbarer Form erscheinen, das jener Ecke wie von außen her unbeweglich um den Hals gelegt war. Es war so weit vom Erdboden entfernt wie die Ecke selbst, und beide lagen also in gleicher Höhe. Das Haupt schien feuerfarben zu sein, sprühte ein rotflammendes Feuer aus und hatte ein schreckliches Menschengesicht. Zornig blickte es nach Norden. Bis zum Halse verbarg sich mir der ganze Körper in dem genannten Winkel. Das Haupt war ohne Haare wie das eines Mannes und nicht nach Frauensitte verhüllt; es glich mehr dem eines Mannes als einer Frau und war furchtbar anzusehen. Das Wesen hatte drei sehr lange und breite weiße Flügel, wie eine weißliche Wolke, sie waren nicht alle hoch erhoben, sondern nur jeder für sich gerade ausgebreitet; aber dennoch überragte das Haupt sie beträchtlich. Der erste Flügel wuchs aus der rechten Wange hervor und war nach Norden gerichtet;

der dritte, der von der linken Wange ausging, stand nach Westen. Sie blieben nicht immer im gleichen Zustand, denn zuweilen bewegten sie sich furchtbar und stießen einander, dann ruhten sie wieder. Ich hörte keinerlei Worte aus dem Munde dieses Hauptes hervorgehen, vielmehr war es ganz ruhig, nur die Flügel berührten sich. Dann hörte ich die himmlische Stimme von dem Thronenden zu mir sprechen: »Gott, der gegen das alte Volk seinen Eifer übte, erwies sich dem Neuen aus Liebe zu seinem Sohne gnädig und gütig.

2. Das Haupt, welches in der Nordecke der doppelten Gebäudemauer erscheint, bedeutet den Zorn Gottes, der die Strafe bringt für die sich nicht beugen wollende Sünde, die keine Heilung suchte; dieser Eifer kommt aus dem innersten Geheimnis des Wortes Gottes und wurde durch die Stimme der Patriarchen und Propheten vorausgekündet. Der Zorn Gottes erscheint als ein Menschenhaupt, weil er in Furcht als strenger Rächer erkannt wird, wie auch der Mensch besonders an seinem Gesicht zu erkennen ist. Nach Norden erglüht das Haupt, weil der Zorn Gottes sehr rasch und heftig den Teufel und alles Böse tötet.

3. Die Form des genannten Hauptes ist außergewöhnlich, weil im Zorn Gottes wunderbare und staunenswerte Gerichte verborgen sind, die von keinem sündenbeschwerten Menschen je erforscht werden können. Das Haupt scheint unbeweglich von außen an die Ecke zu stoßen, weil mein Zorn gegen den Teufel, wie Abraham und Moses im Alten Testament bezeugten, im schauenden Wissen und menschlicher Übung äußerlich erschien in der Vorstellung der Völker, während meine Gerechtigkeit drohend nach Norden zeigt zur schrecklichen Sünde Satans.

4. Die Unbeweglichkeit bedeutet, daß Gott weder durch falsche noch schmeichlerische Reden bewegt oder abwendig gemacht werden kann von der Geradheit seiner Satzungen. 5. Das Haupt liegt in gleicher Höhe von der Erde wie die Ecke, weil Gott in der höchsten Gerechtigkeit seiner Rache alles Irdische überwindet, wie in Abraham und Moses durch das Gesetz die menschlichen Werke vorherbedeutet waren.

6. Du siehst, daß das Haupt feuerfarben ist und glüht wie eine rote Flamme, weil im Zorne Gottes ein feuriges Hindernis für die Bösen besteht, das rot entflammt ist in der Glut seiner Rache. Es hat ein schreckliches Menschenantlitz, weil die Augen des Herrn das Unrecht von Angesicht zu Angesicht erblicken, weil die Schuld der verschiedenen Verbrechen nicht unbeachtet vor Gott weicht, sondern er sie furchtbar durchschaut und sie in gerechtem Gericht prüft.

7. Das Haupt gleicht dem barhäuptigen Haupt eines Menschen, weil der Zorn Gottes nichts Sterblichem Untertan ist und frei bleibt von jedem Unterworfensein. Es ist nicht bedeckt mit Haaren gleich dem des Mannes und nicht verschleiert wie die Frau, weil eine Schwächung durch eine höhere Macht ausgeschlossen ist. Das Haupt ist mehr männlich, weil die stärkste göttliche Kraft sich mehr in männlicher Stärke offenbart als in weibischer Schwäche. Überaus schrecklich ist der Anblick, weil die göttliche Stärke schreckenerregend ist für jedes Geschöpf, da der Mensch erkennt, daß sie der Grund seiner Bestrafung ist.

8. Die drei weißen Flügel von wunderbarer Breite und Länge wie eine hellschimmernde Wolke versinnbilden die Ausdehnung der unbeschreiblichen Kraft der hl. Dreifaltigkeit, welche kein Mensch in der Breite

ihrer Herrlichkeit und in der Länge ihrer Macht begreifen kann. Sie erstrahlt in süßem Glanze der Gottheit und unterwirft sich die Menschenherzen in gerechter Strafe auf vielerlei Art wie die auseinanderjagenden Wolken. Die Flügel stehen nicht aufwärts, sondern sind nur geradeaus erhoben, so daß das Haupt ein wenig überragt wird, weil die Rache des Herrn keine Anmaßung enthält, sondern jeder Ursache nach Gebühr angepaßt ist.

9. Zuweilen schlagen die Flügel schrecklich zusammen, weil das furchtbare und grausige Gericht für alle Kreatur in den Zorn Gottes übergeht und über alle dort seine Erschütterungen ausübt, wo es der göttlichen Majestät beliebt. Wo aber Furcht, Liebe und Ehrerbietung vor Gott sich bei den Gläubigen finden, dort waltet Gott sanft und gütig, und die Rache bleibt fern.

DIE SECHSTE VISION: VOM ALTEN BUND.

Dann sah ich zwischen der nördlichen und der westlichen Ecke die Gebäudemauer, deren Inneres bogenförmig wie ein Gitter, aber verschlossen war. In den einzelnen Bögen wurde eine gemalte Darstellung von Menschen sichtbar. Äußerlich umgaben die Mauer noch zwei kleinere Mauern, die so groß waren wie der Zwischenraum von der nördlichen Ecke bis zur westlichen und aneinander grenzten wie ein Schilddach. Die Höhe der beiden kleineren Mauern betrug drei Ellen; die Breite zwischen dem Inneren der bogenartigen Mauer und der Mitte eine Elle. Vom Äußeren bis zur Mitte reichte die Handbreite einer Knabenhand. Im Gebäude sah ich wieder Gestalten vor dieser bogengeschmückten Mauer auf dem Boden stehen. Drei derselben standen vor der Mauer nahe bei der nördlichen Ecke und drei dahinter dicht an der östlichen Ecke, und alle schauten die Malerei in den Bögen der Mauer an. Am Ende der Mauer erblickte ich noch eine andere Gestalt im Gebäude auf einem Steinsitz.

Die rechte Seite hielt sie zur Mauer geneigt, ihr Gesicht zur Säule der wahren Dreieinheit; noch sah ich dort auf erhöhtem Platze eine zweite Gestalt, ebenfalls zur genannten Säule gewandt. Die Gestalten boten folgenden Anblick: Wie die früheren Gestalten waren sie mit seidenen Gewändern und weißen Schuhen bekleidet; außer jener, welche zur Rechten der Mittleren weilte, denn sie war in so reine Klarheit getaucht, daß ich vor der Überfülle ihres Lichtes sie nicht genau erkennen konnte. Die Gestalt auf der Mauer trug schwarze Schuhe. Nur die mittlere hatte einen Mantel. Zwei der höheren Gestalten, eben die, die rechts und links von der mittleren standen, und zwei von den drei inneren, nämlich die mittlere und die linke, hatten das Haupt nicht wie Frauen verhüllt, sondern ließen ihre weißen Haare erkennen. Die mittlere der drei ersten und jene auf dem Stein Sitzende nahe der Mauer waren mit weißem Kopfschleier versehen, wie Frauen ihn tragen. Die mittlere der drei oberen und die rechts von ihr standen, trugen weiße Kleider. Aber ich sah eine Unterschiedlichkeit bei ihnen. Die Gestalt inmitten der drei oberen hatte auf ihrem Haupte wie einen Kranz mit der Aufschrift in gelber Farbe, die rechts eingemeißelt war: »Brenne immer!« Von rechts flog auf die Gestalt eine Taube zu, die mit ihrem Schnabel auf die Steine hauchte. Die Gestalt aber sprach: »Ich bin übergossen von tiefem Mitleid, aus dem diese Bächlein herausfließen, welches weder Gold, Geld, kostbare Steine noch Perlen von den Bedürftigen und die darum weinen, erwerben will. Ich tröste sie und erquicke stets ihre Armut aus Liebe zu Gottes Sohn, der sanft und milde ist und seine Güter an die Gerechten austeilt; er benetzt ihre Sündenwunden wegen der geübten Buße.«

2. Die rechte Gestalt zeigte auf ihrer Brust einen Löwen wie einen helleuchtenden Spiegel. Vom Halse bis zur Brust hing ihr eine blasse Schlange wie ein gewundenes Stäbchen herunter. Sie sprach: »Ich sehe einen hellen Löwen, vor der feurigen Schlange fliehe ich, aber die am Halse hängende Schlange liebe ich.«

3. Die dritte Gestalt zu ihrer Linken trug ein Gewand wie von roten Hyazinthen. An ihrer Brust erschien ein Engel, der auf beiden Seiten einen Flügel hatte. Der rechte Flügel konnte sich bis zur rechten Schulter ausbreiten. Die Gestalt sagte also: »Ein Engel ist mein Gefährte, ich wandle nicht mit Heuchlern, sondern speise mit Gerechten.« Die mittlere von diesen drei Gestalten trug ein gelbes Gewand.

4. Auf ihrer rechten Schulter stand eine schneeweiße Taube, die mit ihrem Schnabel das rechte Ohr pickte. Auf der Brust erschien ein ganz unförmiges Menschenhaupt. Ihr zu Füßen sah man durch sie zerschmetterte und zertretene Menschen liegen. Ihre Hände hielten ein entfaltetes Blatt, das auf einer Seite gegen Himmel mit sieben Linien beschrieben war. Ich wollte dieses zwar entziffern, vermochte es jedoch nicht. Ihr Mund sprach: »Ich bin die Gerte bitterer Züchtigung und Geißel für jenen lügenhaften Sohn des Teufels. Ich bin ihm entgangen und ihm zuwider, da ich mich niemals in seinem Munde finde; vielmehr speie ich ihn aus meinem Munde wie ein tödliches und zur Unterwelt gehöriges Gift. Er gilt mir als schlimmstes aller Übel, weil alles Böse ihn zum Urheber hat.«

5. Die andere Gestalt zur Rechten hatte ein engelhaftes Antlitz und von beiden Seiten einen leichten Flügel. Sie erschien in Menschengestalt wie die übrigen Tugenden und sprach: »Ich streite in teuflischem

Kampf wider die, welche sich hartnäckig gegen mich empören. Ich kann keine Störung ertragen, sondern schüttle alles Feindliche von mir ab. Ich fürchte niemand. Wen sollte ich denn fürchten? Ich bin dazu da, mich immer zu freuen und über die Guten zu jubeln. Der Herr Jesus ist der Nachlasser und Tröster allen Schmerzes, weil er selbst am eigenen Leibe den Schmerz erfuhr. Er ist meine Richtlinie, und deshalb will ich mich ihm verbinden, ihn stets tragen.«

6. Die dritte Gestalt stand links von der soeben genannten, sie war mit einem weiß und grünen Gewand bedeckt. Ihre Hände umfaßten ein mattfarbenes Geschirr, das viel Licht wie ein Blitz von sich gab, so daß das Gesicht und der Hals aufleuchteten. Sie sprach: »Ich bin glücklich. Der Herr Jesus Christus nämlich gestaltet mich schön und weiß. Ich sehne mich nach jenem Geliebten, den ich heiß umarme.« Jene Gestalt, die am Ende der Mauer auf dem Steine saß, trug ein schwärzliches Gewand. Auf ihrer rechten Schulter wogte ein Kreuz mit dem Bilde Jesu Christi auf und ab. Wie aus fernen Wolken flammte ein Leuchten auf ihrer Brust auf, das in viele Strahlen sich zerteilte, wie das Sonnenlicht sich bricht, wenn es durch kleine und viele Löcher hindurchleuchtet. In der Hand hielt sie einen Fächer, von dessen Spitze drei Zweiglein mit Blüten wunderbar hervorsprossen. In ihrem Schoße sah ich viele sehr kleine Edelsteine, die sie mit vieler Sorgfalt betrachtete, wie es ein Kaufmann macht, wenn er seine Waren sorgsam mustert. Die Gestalt sagte: »Ich bin die Mutter der Tugenden und habe Gottes Gerechtigkeit bei allen meinen Dingen. Sowohl im geistlichen Dienst wie auch im weltlichen Lärm erwartet mein Gewissen immer Gott. Ich verdamme nicht, trete nicht nieder,

verschmähe nicht die Könige, Führer und Vorgesetzten noch die weltlichen Meister, weil sie vom höchsten Urheber eingesetzt wurden. Darf der Staub den Staub mißachten? Der Gekreuzigte Gottes wandte sich zu allen.«

7. Jene auf dem Ende der Mauer stehende Gestalt hatte das Haupt unbedeckt, so daß man die schwarzgelockten Haare und das finstere Gesicht sehen konnte. Das Gewand war mit mehreren Farben durchwebt. Sie hatte Gewand und Schuhe ausgezogen und stand nun bloß da. Plötzlich erstrahlten ihre Haare und Gesicht in schönem Weiß, das vorher nicht dagewesen war. Ein weithin leuchtendes Kreuz sah ich mit dem Bilde Christi Jesu, das über einem Weinstock zwischen zwei Lilien und Rosen sich erhob, welche sich aufwärts zu jenem Kreuze ein wenig zurückbogen. Ich sah sie viel Staub aus dem ausgezogenen Gewand und den Schuhen klopfen. Und sie sprach dabei: »Ich streife das Alte Testament ab und ziehe an den edlen Sohn Gottes mit seiner Gerechtigkeit und Heiligung und Wahrheit. Deshalb ward ich wieder befreit und hergestellt von den Lastern.« Und wiederum sprach der auf dem Throne: »Kein Gläubiger, der demütig Gott gehorchen will, darf sich weigern, dem menschlichen Vorgesetzten Untertan zu sein, weil die Verwaltung für das Volk zum Nutzen der Lebenden so verteilt ist.«

8. Zwischen der Nord- und Westecke des inneren Gebäudes ist die Mauer bogenartig gestaltet wie ein Gitter, jedoch nicht offen wie ein Gitter, weil von Abraham und Moses gegen den Teufel gekämpft wurde wie in einem nach Norden blickenden Winkel bis zur wahren Dreieinheit, was offenkundig klar wurde im wahren katholischen Glauben, als der Sohn Gottes vom

Vater in die Welt gesandt wurde und seine Lehre ausgoß bis zum Ende der Zeiten. Die Mauer blickte zur westlichen Ecke, weil das israelitische Volk unter das Gesetz göttlicher Gerechtigkeit gestellt, unter der gütigen Leitung des allmächtigen Vaters wirkte, da es nämlich im Alten Testament gezügelt und ihm verbunden ward. Nachdem die Bitterkeit des Zornes des Herrn zutage trat durch die Einsetzung der alten Ämter, sind die Machtbereiche der neuen Würde vorgebildet. Denn das Alte Testament erforderte das Neue und brachte die viel größeren Gesetzesvorschriften des Neuen Testamentes mit sich, die ursprünglich in ihm lagen. Das Alte Testament war nur der einfache Grund, auf welchem die tiefste Weisheit aller Lehre aufgebaut wurde, die sich offenbarte in der Menschwerdung von Gottes Sohn; es zeigte sich hier das Streben vom alten Gesetz der Beschneidung zum neuen der Taufe, die von größeren Geboten umgeben war.

10. Die Mauer versinnbildet das jüdische Volk in seinem Verstand, mit welchem Gott erkannt wird. Sie ist von bogenartigen Gebilden umgeben, nämlich durch die sinnbildliche Vorbedeutung seiner Lehrer, die Gottes Gesetz verkündeten und es so aufzeigten, wie geringere Menschen sich bedeutendere Menschen einzusetzen pflegen, gemäß dem Gitter, welches die typische Vorbedeutung des hl. Geistes darstellt. Der hl. Geist war es auch, der harte Worte mit der Menschwerdung des Gottessohnes verband, und dieser zeigte den ihn Bittenden das Gitter seiner Barmherzigkeit. Dennoch wurde durch die Durchbohrung des hl. Geistes als Pförtner die geistige Erkenntnis im alten Gesetz nicht aufgedeckt, wie es später im tiefen Mitleid bei der Erscheinung des höchsten Sohnes im Fleische geschah,

sondern unter der Härte der Gesetzesvorschriften blieb verborgen, was nachher der hl. Geist im Quell des lebendigen Wassers aufrichtete.

11. In den einzelnen Bögen sind Darstellungen von Menschen sichtbar. Es soll dies bedeuten, daß der Mensch wie mit einem Triumphbogen, nämlich in der Würde des Meistertums hingestellt wurde, gewissermaßen als Stellvertreter Gottes. Wieso? Die tiefste und hauptsächliche Weisheit ist durch Gottes Gnade in seinen vernünftigen Mund gelegt, damit der Mensch im Namen Gottes sein Führeramt ausübe.

12. Außen von der Mauer siehst du zwei kleinere Mauern, denn in den äußeren Geschäften außer dem geistlichen Amt ist die Einsetzung größerer und kleinerer Völker unterbrochen. Gleich zwei Mauern sind sie durch Gottes Willen begründet. Äußerlich sind jene, welche nach meiner Ordnung in weltlicher Macht geboren sind; in der Mitte liegen die unter der Botmäßigkeit geistlicher und weltlicher Personen, denn sie stehen in den Bögen der inneren Mauer, die die geistliche Herrschaft bedeutet, und der äußeren Mauer, die von weltlicher Macht kündet. Beide Mauern liegen außerhalb der inneren Bögen, weil weltliche Menschen sich sehr mit irdischen Dingen beschäftigen, mehr nach außen als nach innen gekehrt sind, wie es meiner Bestimmung nach ist.

13. Gott legte die rechte Eingebung in die menschlichen Sinne durch seine Vernunft, daß nämlich nach rechtmäßiger Anordnung große Menschen über die Völker herrschen, die sie ehren und fürchten müssen. Deshalb ließ Gott es auch zu, daß ein Volk herrschte, das andere gehorchte, damit die Menschheit geteilt würde und sich nicht gegenseitig mordete und zu-

grunde ging. Die weltliche Macht muß besorgt sein um Irdisches, daß der Körper genügend Erholung findet und nicht schwach wird; das geistliche Amt aber soll den Menschen erwartungsvoll vorbereiten, zur Dienstbarkeit Gottes zu gelangen.

14. Daraus geht hervor, daß die weltliche Herrschaft die Menschen nicht nach Sklavengesetz bedrücken darf, sondern sie wie Brüder lieben soll. Jeder Gläubige muß von geringerem Grad zum höchsten aufsteigen, von der weltlichen Macht den höheren Dienst des helleren Lichts erlernen. Ich meine, des geistlichen Lebens, in dem das Amt eines Schiffslenkers ausgeübt wird.

15. Ich will jedoch nicht, daß diese Ämter, die ich festsetzte, durch diebische Bestechung geraubt und verkauft werden, sondern mein Willen befiehlt, daß vernünftige Gründe jene bewegen, die sie auf sich nehmen wollen, damit sie alle nützlich vor Gott und den Menschen erfüllt werden.

16. Die beiden kleineren Mauern sind so lang wie der Zwischenraum von der nördlichen Ecke bis zur westlichen. Dies soll die Ausbreitung der größeren und kleineren Völker bedeuten von Abraham und Moses als Norden bis zur Offenbarung des katholischen Glaubens an die wahre Dreifaltigkeit. Diesen Glauben lehrte mein von mir nach Westen in die Welt gesandter Sohn. Diese Mauern sind in den Ecken von beiden Seiten wie ein Schilddach zusammengefaßt, weil die Völker des Alten wie des Neuen Testaments in Ehre und Lehre miteinander verbunden sein sollen, und zwar nach dem Bilde eines Schilddaches, gut und würdig zum Bau des himmlischen Jerusalems.

17. Die Höhe dieser kleinen Mauern beträgt drei

Ellen, weil sich bei den Weltlichen drei Arten von Menschen finden, erstens die hervorragenden Führer, dann die von der Fessel der Knechtschaft Freien, sodann das gemeine Volk, das seinen Lenkern unterstellt ist.

18. Vom Äußern bis zum Innern ist die Breite gleich einer Knabenhand, weil es sich damit verhält wie mit der niederen weltlichen Herrschaft und der ihr Unterworfenen, die einmütig und in schlichter Hingabe kindlicher Unschuld sich gegenseitig berühren müssen in der Gemeinschaft des Werkes.

19. Im Gebäude selbst siehst du sechs Gestalten vor der mit Bogen versehenen Mauer auf dem Gebäudegrund stehen, weil in der Tat göttlicher Güte sich sechs Tugenden zeigen, die die übrigen Tugenden vorbedeuten, nämlich daß Gott in sechs Tagen seine Geschöpfe ins Leben rief.

20. Alle Gestalten betrachten die Malerei in den Bögen der Mauer, weil sie immer mit gleicher Hingebung den von Gott für die Menschen, sei es durch seine Macht im Alten und im Neuen Testament bezeichneten Dienst erwarten; sie betrachten auch, wie er an ihnen vollendet werden kann. Am Ende der Mauer sitzt noch eine weitere Gestalt im Gebäude auf einem steinernen Thron, da ja Gott nach Hintansetzung des alten Gesetzes des alten Volkes und am Anfang des neuen Glaubens an die wahre Dreifaltigkeit alle beständigen Tugenden in der Kirche begründete, und auch jene Tugend im Werke des höchsten Vaters hervortrat, durch welche er im Menschen bis zum Ende der Tage wirksam ist. Dann siehst du noch am Ende eine andere Gestalt auf der Mauer stehen, weil bei der Übertragung des schattenhaften alten Gesetzes im Glauben an die

heilige Dreifaltigkeit das wahre Licht der Gerechtigkeit aufflammte, als die Tugend im fürstlichen Amt und beim gläubigen Volk auf dem Höhepunkt des himmlischen Verlangens nach Heiligung aufstand und den Kampf begann gegen die wider Gottes Sohn sich erhebenden Laster. Zur Säule der Dreifaltigkeit ist sie aber geneigt, weil sie durch die Stärkung der heiligen und unaussprechlichen Dreifaltigkeit die Seelen zum Vaterland zurückbringt.

21. Die mittlere der drei höheren Gestalten versinnbildet die Enthaltsamkeit, denn sie ist zu Beginn des Kampfes Schutz und Hort und der Schutz der ihr nachfolgenden Tugenden, welche den Ruhm der Dreifaltigkeit bei Beginn des alten Gesetzes bezeichnen. Wie ein Kranz ist ihr rechts eine gelbe Inschrift ins Haupt gemeißelt: »Brenne immer«, weil sie vom allerhöchsten Haupt mit dem gelben Strahl der hellsten Sonne, des Sohnes Gottes, gekrönt ward, in dessen Klarheit alles begreifbar ist.

22. Die andere Gestalt rechts bedeutet die Freimütigkeit, die mit kindlicher Schlichtheit einhergeht und keine List und Hartherzigkeit gegen menschlichen Schmerz kennt.

23. Die linke Gestalt bedeutet die Güte, die weder von Haß noch Neid oder sonstiger Häßlichkeit etwas wissen will, sondern mit menschlicher Freude gemeinsam aufjubelt.

24. In der Mitte der drei unteren Gestalten erscheint die Wahrheit. Von ihrer rechten Schulter aus pickt ihr eine Taube ins Ohr, was bedeuten soll, daß bei der rechten, d. h. glückvollen Rückkehr zum Leben durch die Menschwerdung des Sohnes Gottes die wunderbare Stärke des hl. Geistes hinzutrat, der gleichsam in das

rechte Ohr hauchte, in die Herzen gläubiger Menschen, damit sie verstehen könnten, was Gott in seiner übernatürlichen Macht sei. Das scheußliche, mißgestaltete Menschenhaupt auf der Brust soll die Nöten und Verfolgungen der Vorgesetzten in den Herzen seiner Auserwählten darstellen, die Gott zuließ, wie auch mein Sohn von den Hohenpriestern Unrecht erdulden wollte.

25. Die letzte Gestalt ist der Frieden: er ist von Engeln begleitet. Wieso? Es steht im Engelsliede geschrieben: »Ehre sei Gott in der Höhe und Frieden den Menschen, die guten Willens sind.«

26. Die dritte Gestalt, jene Linke, bezeichnet die Glückseligkeit, die nach dem ewigen Leben strebt. Die weißen Gewänder, die mit grünem Gewebe durchzogen sind, versinnbilden die gläubigen Werke, die von himmlischer Sehnsucht erglänzen und oft und viel in der Blüte der Gaben aus dem hl. Geiste geziert sind. Das matte Gefäß, welches sie mit ihren Händen umfaßt, ist das zerknirschte Herz, mit welchem man Gott durch den Glauben erfassen muß.

27. Die auf einem Steine am Ende der Mauer sitzende Gestalt offenbart die Mäßigkeit. Ihre schwarzen Gewänder sind ein Symbol für die Abtötung des Fleisches, des Verlassens eitler Leerheit.

28. Die Rettung der Seelen steht am Ende der Mauer, denn sie leuchtete beim Untergang der alten Härte in der Höhe der neuen Gnade. Ihr Haupt ist unbedeckt, und die Haare sind gelockt und schwarz, weil sie frei von knechtischer Unterwerfung ist und in freier Würde sich behauptet.

DIE SIEBTE VISION: VON DER DREIFALTIGKEIT.

Dann sah ich im westlichen Winkel des Gebäudes eine geheimnisvolle und sehr starke Säule, die purpurn und schwarz gefärbt war. Sie war so in die Ecke eingebaut, daß sie außen und innerhalb des Gebäudes zu stehen schien. Wegen ihrer riesigen Größe konnte mein Geist ihre Länge und Höhe nicht erfassen, aber wohl, daß sie ganz frei von Biegungen war. An ihrer Außenseite hatte sie drei gelbe Ecken vom Fuß bis zur Spitze; die erste von ihnen schaute nach Afrika, wo faule Streu von ihr zertreten worden war. Die zweite Ecke nach Nordwesten war auf eine Schar gerichtet, von der viele Flügel zerschlissen lagen. Die mittlere blickte nach Westen, wo vieles morsche Stroh abgehauen umherlag. Ich blickte auf zu jenem auf dem Throne und hörte ihn zu mir sprechen: »Diese geheimnisvollen und ganz unbekannten Gaben zeige ich dir in wahrem Lichte, damit sie die feurigen Herzen der Gläubigen zum Erglühen bringen, denn sie sind die schuldlosen Steine, mit denen das himmlische

Jerusalem erbaut wird. Die heilige und unaussprechbare Dreifaltigkeit in der Einheit war für die alten Gesetzesdiener verborgen, aber den freien Menschen der Gnade geoffenbart, und sie müssen mit schlichtem und demütigem Herzen fest daran halten, daß es einen wahren Gott in drei Personen gibt.«

2. Jene Säule im Westen des Gebäudes stellt die wahre Dreieinigkeit dar. Der Vater, Sohn und hl. Geist sind eins in ihr, und die Dreifaltigkeit bekundet sich in der Einheit. Diese an allem Guten vollkommene Säule durchdringt das Höchste und das Niedrigste und lenkt den ganzen Erdkreis. Die Säule steht an westlicher Stelle, weil der Gottessohn in der Zeit nach dem Untergang geboren wurde, als er überall seinen Vater verherrlichte und seinen Jüngern den hl. Geist versprach.

3. Die Säule zeigt purpurne und schwarze Färbung und ist so in die Ecke hineingestellt, daß man nicht weiß, ob sie sich im Gebäude oder außerhalb befindet, weil nach dem Willen des Vaters sein eingeborener Sohn sein purpurnes Blut für die Schwärze menschlicher Sünden vergossen hat, wodurch er die Welt rettete.

4. An der Außenseite sind drei gelbe Kanten von oben bis unten wie ein scharfes Schwert, weil bei der Gegensätzlichkeit der Finsternis, die in der ganzen Welt entgegen steht, die Dreifaltigkeit in der Gottheit sehr klar erscheint und nur den gläubigen Geschöpfen sich offenbart.

5. Mit einer Kante ist sie nach Afrika gerichtet, wo viel trockene Streu abgehauen liegt, weil die gerechteste göttliche Dreifaltigkeit jegliche Dürre der Verschiedenheit und des Widerspruchs sowie Verwerfung des rechten katholischen Glaubens in großer Aufregung abschlägt und verbrennt, wie auch jenes Kraut nieder-

getreten und im Feuer verbrannt wird, das vom Fruchthalm getrennt ist.

6. Die andere Kante blickt zu einer Schar, wo viele Federn zerstreut fallen, weil die Gottheit den sich überhebenden Stolz des jüdischen Volkes, der hochmütig in der Höhe seines Geistes sich herumschwang, herausstieß.

7. Die mittlere Kante stand gen Westen, wo eine Menge faules Holz lag, weil das teuflische Schisma des eigenen Volkes, das durch den Fall seiner Treulosigkeit im rechten Glauben irrt, durch die hl. Dreifaltigkeit abgehauen wird. Weil diese Menschen wie faules Holz zu nichts nütze sind, so ist auch dieses Volk abgehauen und verworfen von der Freude des Lebens.

8. Gottes Sohn war seiner Gottheit nach vor der Erschaffung jeder Kreatur. In der Zeit wurde er, als es dem Vater gefiel, von diesem und mit dem Feuergeist in die Welt gesandt; wurde vom hl. Geiste empfangen, ward Mensch aus der Jungfrau, um den Gläubigen die herrliche Zier des Lebens zu bringen. Durch seine Menschwerdung wie auch durch seine Jünger verkündete der himmlische Vater, daß das für alle Menschen notwendigerweise zum Heile gehöre, an ihn zu glauben. Aber seine Jünger waren töricht und unklug, als er mit seinem Körper noch bei ihnen in der Welt weilte. Waren zu schwerfällig, um wachen Geistes seine Worte zu verstehen und in der Tat zu erfüllen. Sie hörten ihn einfältig wie im Schlafe an, ohne Kraft, sondern furchtsam und erschreckt, wie Menschen es tun. Dann kam die unheilvolle Zeit, in der die Juden Aufruhr trieben und viele Trennungen von Gottes Sohn weckten. Während sie sich so allen bösen Dingen hingaben, vollendete sich unter jähem und großem Getöse jener

überragende Mord, der sich noch nie ereignet hatte, und dem kein ähnlicher je folgen wird. Die Erde erbebte, d. h. der Menschengeist erschrak, wie auch die übrige Kreatur und wie das steinerne Gesetz der Juden zersplittert wurde in ihrer Verbrechertat. Da lag der erste Mensch samt seinem Geschlecht, in dem alle übrigen Geschöpfe sich verdarben, begraben im Tode, weil alles Sinnen sich auf die Erde bezogen hatte. Er ward entwurzelt aus der Erde, in welcher er mit seinem Sohne schlief, und seufzte aus ganzem Herzen mit seinem Geiste wie im Mutterschoß zum himmlischen Vaterland, als er vernahm, daß Christus, der Gottessohn, um seinetwillen getötet worden war. Nach der Auffahrt des göttlichen Sohnes kam der hl. Geist vom Vater durch den Sohn in die Welt gesandt, wie er es selbst versprochen hatte. Der hl. Geist erschien in feurigen Zungen, weil der Sohn vom hl. Geiste empfangen wurde, der durch seine Predigt die Welt zur Wahrheit wandte. Und weil auch die Apostel von ihm belehrt wurden, deshalb übergoß sie der hl. Geist so mit seiner Glut, daß sie in verschiedenen Sprachen mit dem Geiste und Körper redeten. In ihnen erschien der Geist über dem Körper.

9. Der Geist des Menschen ist geistlich und geht aus dem Geheimnis Gottes aus und lebt für ihn unsichtbar. Der menschliche Geist besitzt daher das sicherste Wissen, weil es ihm von Gott mitgegeben wurde. Der Geist, der von den körperlichen Augen nicht wahrnehmbar ist, bezeichnet den Vater, der in jedem Geschöpf zwar vorhanden, aber unschätzbar ist. Das Wasser, welches die Reinigung vom Aussatz der Sünde bewirkt, bedeutet das Wort, den Sohn, der durch sein Leiden die Makel, der Menschen abwusch. Das Blut

durchkreist und erwärmt den Menschen, und so ist es zum erweckenden hl. Geiste geworden, der die strahlenden Tugenden in den Menschen entzündet. Der Geist, das Wasser und das Blut sind eins, und eins in drei, wie auch die Dreifaltigkeit in der Einheit und die Einheit in der Dreifaltigkeit erscheint.

DIE ACHTE VISION: DIE SÄULE DES ERLÖSERS.

Dann sah ich an einem südlichen Ort jener steinernen Gebäudemauer jenseits der Säule der wahren Dreifaltigkeit noch eine große verdunkelte Säule im Gebäude und außerhalb. So schattenhaft erschien sie mir nur, daß ich unmöglich ihre Größe und Höhe feststellen konnte. Der Zwischenraum von dieser Säule und der der wahren Dreieinigkeit betrug drei Ellen. Keine Mauer faßte ihn ein, nur der Boden war vorhanden. Die dunkle Säule stand gerade auf jenem Gebäudefleck, wo ich vorher in himmlischem Geheimnis vor Gott jenen großen quadratischen, sehr helleuchtenden weißen Glanz wahrgenommen hatte, der das Geheimnis des himmlischen Schöpfers bedeutete, wie mir in höchster Übernatürlichkeit geoffenbart worden war. In diesem brannte noch ein anderer Glanz wie die Morgenröte, die purpurnes Licht aussendete; durch dieses wurde mir in mystischer Beschauung das Geheimnis der Menschwerdung des Sohnes Gottes vermittelt. An jener Säule hing eine Leiter, auf welcher alle Kräfte Gottes auf- und niederstiegen; mit schweren Steinlasten sah ich sie zu ihrem Werk schreiten, um es zu vollenden. Den Lichtträger auf dem Throne hörte ich also sprechen: »Es sind dies die stärksten Taglöhner Gottes.« Sieben dieser Gestalten fielen mir besonders auf, und ich betrachtete ihre Form und Haltung eingehend. Sie hatten mit den schon früher geschauten Tugenden gleich, daß sie alle seidene Kleider trugen. Der Mantel fehlte, außer bei der ersten, die ihr Haupt nach Frauensitte verhüllt trug und mit einer Casula bekleidet war, die durchschimmernd für das Licht wie Kristall war. Die zweite Gestalt hatte schwarze Haare; die dritte schien einem Menschen ganz unähnlich zu sein. Die erste, vierte und fünfte trugen weiße Gewänder, alle hatten weißes Schuhzeug, außer jener dritten, die kein menschliches Äußere hatte, wie schon gesagt worden ist. Auch die vierte hatte keine weißen Schuhe, sondern welche aus Kristall, die wunderbar funkelten. Sie wiesen noch eine andere Verschiedenheit auf: die erste trug einen goldenen Kranz auf ihrem Kopfe, hielt drei Zweige in die Höhe und glitzerte von sehr wertvollen grünen und roten Steinen. Auf ihrer Brust gewahrte ich einen hellen Spiegel, in dem das Bild des eingeborenen Sohnes Gottes mit wunderbarer Deutlichkeit erschien. Sie sprach: »Ich bin die Säule demütiger Gemüter und töte die stolzen Herzen. Klein fing ich an und begeistere für die Beschwerlichkeiten des Himmels.«

3. Der zweiten Gestalt Form und Kleid glichen der Farbe einer Hyazinthe. In ihr Kleid waren zwei Streifen Gold und Edelsteine wunderbar eingewoben, so daß je einer derselben ihr über die Schultern vorn und rückwärts fiel.

4. Die dritte Gestalt erschien mir wie auch in der früheren Vision. Sie überragte die anderen Tugenden an Länge, glich keinem Menschen und hatte viele Augen überall.

5. Die vierte Gestalt aber trug eine schneeweiße Fessel um ihren Hals, und auch die Hände und Füße waren ihr mit weißem Band umschlungen.

6. Die fünfte Gestalt hatte eine rote Halskette und sprach: »Gott ist eins in drei Personen; einer Wesenheit und deshalb muß ihm der gleiche Ehrendienst erwiesen werden.«

7. Die sechste Gestalt war mit einem blassen Gewand bekleidet. Das Leidenskreuz des gekreuzigten Gottessohnes erschien vor ihr in der Luft.

8. Die siebte Gestalt war mit leuchtenderem Gewande bekleidet als Kristall und spiegelte so den Glanz wieder, daß das Wasser mit der Sonne gemischt zu sein schien. Über ihrem Haupte stand eine Taube mit ausgebreiteten Flügeln, ihrem Gesichte zugewandt. In ihrem Leibe wurde wie in einem Spiegel das leuchtendste Kind sichtbar, auf dessen Stirn geschrieben stand: »Unschuld«. Die rechte Hand faßte ein Königszepter, während die linke auf die Brust gelegt war.

9. Am oberen Ende der dunklen Säule erblickte ich noch eine wunderschöne Gestalt mit entblößtem Haupte, schwärzlichen gelockten Haaren und menschlichem Gesicht in großer Klarheit stehen. Das purpurn und dunkle Gewand, über das auf beide Schultern ein Band von safrangelber Farbe auf dem Rücken und vorn bis zu den Füßen herabhing, hüllte die Gestalt ein. Um den Hals trug sie das bischöfliche Pallium, geziert mit wunderbarem Gold- und Edelsteinschmuck. Ein strahlender Glanz aber flutete von allen

Seiten, so daß die Arme, Hände und Füße nicht zu sehen waren.

10. Auf mystische Weise wird dir die Säule im Süden gezeigt, an der steinernen Gebäudemauer jenseits der Säule der wahren Dreifaltigkeit, die die Menschheit des Erlösers darstellt. Dieser wurde vom hl. Geiste empfangen und als Sohn des Allerhöchsten von der lieblichen Jungfrau geboren. Er trägt als stärkste Säule der Heiligkeit das ganze kirchliche Gebäude. Seine menschliche Natur erscheint im glühenden Glauben der Steine getreuer Völker, die nach des himmlischen Vaters Güte machtvoll wirken.

11. Die große Säule erscheint verdunkelt innerhalb und außerhalb des Gebäudes, weil die Heiligkeit der wahren Menschwerdung groß und unschätzbar und deshalb dem menschlichen Geiste dunkel ist, so daß sie nur von denen erkannt werden kann, die sie innerlich durch den Glauben und das Werk erfassen. Dem Auge erscheint die Säule verdunkelt zu sein, weil mein Sohn den Menschen in sterblichem Fleische zwar ohne eine Sünde, aber durch die Sterblichkeit verfinstert schien, denn er wollte für sein Volk sterben.

12. Die dunkle Säule steht in jenem Gebäude an derselben Stelle, wo du vorher in himmlischem Mysterium vor Gott einen großen, quadratischen, sehr hellen Schein sähest, der das Geheimnis des höchsten Schöpfers bezeichnete, weil der eingeborene Sohn Gottes alle seine Werke gemäß dem geheimen Willen des Vaters erfüllte. Vier Ecken sind vorhanden, weil viele zur Kenntnis Christi von allen vier Weltenden gelangen. Der hervorragende Glanz ist da, weil die hellstrahlende Gottheit durch keine Schattenhaftigkeit verdunkelt werden kann. Dieser Schein umfaßt noch einen andern

wie die Morgenröte, wodurch in mystischer Schau das Geheimnis des menschgewordenen Gottessohnes gezeigt werden soll: im Geheimnis des höchsten Gottes bedeutet der Glanz der Morgenröte die Jungfrau Maria, die in ihrem Leibe den Sohn des himmlischen und höchsten Vaters trug, der sein im klarsten Lichte der Erlösung purpurblitzendes Blut vergoß.

13. An der genannten Säule erblickst du von unten bis oben eine Leiter, weil im eingeborenen Sohn Gottes alle Tugenden sich vollkommen auswirkten und die Spuren der Erlösung anderen hinterließ. Die Tugenden steigen durch ihn hinab in die Herzen gläubiger Menschen, die mit gutem Herzen ihren Eigenwillen verlassen und sich den rechten Werken zuwenden, wie auch der Arbeiter sich zum Heben des Steines hinunterbeugt, den er zum Bauen benötigt. In Christus steigen die Tugenden dann aufwärts, indem sie himmlische Werke, die sie in den Menschen vollendeten, Gott zujubelnd darbringen, damit der Leib Christi in den gläubigen Gliedern so eilends wie möglich zur Vollendung gelangt.

14. Besonders sieben Tugenden stellen wir auf, die du betrachtest nach ihren Formen und Haltung, so wie du sie siehst, weil diese sieben Tugenden die hervorragendsten sind und die sieben glühenden Gaben des hl. Geistes bedeuten.

15. Die erste Gestalt stellt die Tugend der Demut dar, die zuerst den Sohn Gottes auszeichnete, denn nicht verschmähte es Gott, der Herr des Himmels und der Erde, seinen Sohn auf die Welt zu senden. Sie trägt daher auch einen goldenen Kranz auf ihrem Haupte, aus dem drei Zweige emporragen, weil sie die übrigen Tugenden übertrifft und ihnen lieblich vorangeht, näm-

lich in der kostbaren Menschwerdung des Erlösers; dieses Grundgeheimnis ward ihre Zierde. Die drei Reislein an der Krone bedeuten die Dreieinigkeit in der Einheit und umgekehrt. Der Kranz funkelt von grünen und roten Edelsteinen, weil die Menschheit des Erlösers die höchste und tiefste Güte bewies. Sein rotes Blut, das er bei seinem Todesleiden am Kreuze vergoß, rettete den Menschen, und wegen seiner weißschimmernden Auferstehung und Himmelfahrt, die das Leben der Kirche bestrahlt und ziert, sind kostbare Steine eingefügt. Auf der Brust trägt sie einen ganz leuchtenden Spiegel, in dem mit wunderbarer Klarheit das Bild des eingeborenen Sohnes Gottes erscheint, weil in der Demut, die sich im geheiligten Herzenstempel findet, im beseligenden und schönsten Wissen der Eingeborene Gottes selbst aufstrahlte samt allen seinen Werken, die er mit seinem Körper vollbrachte, und durch die er sich besonders der Welt offenbarte.

16. Die zweite Gestalt ist die Liebe, denn nächst der Demut, die den Sohn Gottes bewog, Mensch zu werden, zeigt er uns die wahren und glühendsten Lampen der Liebe. Er entzündete sodann auch die Menschen zur Liebe, daß sie jedem Notleidenden zu Hilfe eilen. Dies soll das angelegte Gewand bedeuten. Die beiden vorne und rückwärts herabhängenden Streifen auf beiden Schultern versinnbilden, daß man Gott gleichsam auf seiner rechten Schulter tragen soll, den Nächsten auf der Linken, wie geschrieben steht. In Gott liebst du dein Heil und auch im Nächsten dich selbst, denn niemand steht dir näher als jener, der im Glauben den Namen eines Christen trägt.

17. Die dritte Gestalt wird als die Furcht des Herrn erkannt. Nach der Liebe, die Gott den Menschen durch

seines Sohnes Tod offenbarte, erhob sie sich in den Gemütern der Gläubigen, um die himmlischen Gebote vollkommener zu verstehen und auszuführen. Sie überragt die übrigen Tugenden durch ihre Größe und sieht einer menschlichen Gestalt nicht ähnlich, weil sie mehr als die andern den Menschen Furcht und Schrecken einflößt.

18. Als vierte Gestalt erscheint der Gehorsam. Er trägt ein schneeweißes Band um den Hals, weil er die Seelen jener Menschen blendend weiß macht, die dem unschuldigen Lamme, meinem Sohne, anhangen. Die Hände und Füße sind mit einem weißen Strick gebunden, weil der Gehorsam zum Werke Christi und zum Wandeln auf dem Wege der Wahrheit in der Reinheit des wahren Glaubens gehalten ist.

19. Die fünfte Gestalt versinnbildet den Glauben, weil, folgte das Volk meinen Geboten willig durch das Hören, so ist es auch treu im Glauben und will das gläubig durch die Tat ausführen, was es eifrig in der Ermahnung auf sich wirken ließ. Um den Hals ist eine rote Kette gelegt, weil der Glaube immer treu ausharrt und durch das blutige Martyrium gekrönt wird. Denn sein Vertrauen steht auf Gott.

20. Die sechste Gestalt ist die Hoffnung; sie erhebt sich am Ende des Glaubens an Gott zu jenem Leben, für das die Erde keine Wohnstätte hat, sondern nur der Himmel; es bleibt uns aber bis zur ewigen Vergeltung noch verborgen. Dorthin sehnt sich diese Hoffnung, und deshalb ist das Gewand der Hoffnung bleich, weil das Vertrauen noch mit Blässe umgeben ist. Das Kreuz, das Zeichen für das Leiden meines gekreuzigten Sohnes, erscheint vor der Hoffnung in der Luft, und zu ihm erhebt sie ihre Augen und Hände mit tiefer Andacht,

weil sie zum Martyrium meines Eingeborenen mit himmlischer Sehnsucht großes Vertrauen in den Seelen der Menschen erweckt.

21. Als siebte Tugend erscheint die Keuschheit, weil sie das vollkommene Werk hervorbringt, nach dem die Menschen ihre ganze Hoffnung auf Gott setzten. Die Keuschheit sehnt sich sehr nach ihrem süßesten Geliebten, der der liebliche Wohlgeruch alles Guten ist. Sie ist mit leuchtenderem und reinerem Gewand bekleidet, als Kristall es ist, das sich so glänzend widerspiegelt, als mischte sich der Sonnenstrahl mit dem Wasser; sie ist einfach und leuchtend in der Absicht und frei von jedem Staub wollüstiger Begierden, denn der hl. Geist stärkte sie, und deshalb leuchtet ihr Unschuldsgewand im klarsten Weiß der Quelle des ewigen Lebens. Über ihrem Haupte schwebt eine Taube mit ausgebreiteten Flügeln, weil die Keuschheit in ihrem Haupte durch die Ausbreitung und Überschattung der Flügel der Taube, nämlich durch die Beschirmung des hl. Geistes, gestärkt wurde. In dem Leib der Gestalt erscheint wie in einem Spiegel ein hellleuchtendes Kind, auf dessen Stirn »Unschuld« steht, weil im Innern dieser reinsten und klarsten Tugend die unverletzte, schönste und festeste Unversehrtheit besteht, die die kunstlose Form eines schlichten Kindes hat. In der rechten Hand trägt sie ein Königszepter, und die linke ist auf die Brust gelegt, weil rechts die Heiligung durch den Sohn Gottes, den König des Alls, das Leben in der Keuschheit geoffenbart wurde; zur Linken wird aber die Wollust durch denselben Streiter vernichtet in den Herzen derer, die ihn lieben.

22. Du siehst an der Spitze der dunklen Säule noch eine andere sehr schöne Gestalt, weil sich durch die

größte Güte des Allmächtigen in der Menschwerdung des Erlösers selbst die Gnade Gottes zeigte. Die höchste Fülle war in Gott. Das Haupt ist unbedeckt, weil allen Suchenden ihre Würde und Klarheit offenkundig ist. Die schwärzlichen Haare sind gelockt, weil der Eingeborene Gottes in das sich in schwarzem Unglauben windende jüdische Volk mit der menschlichen Natur ohne eine Sünde im jungfräulichen Fleische eintrat. Das männliche Gesicht brannte so in Klarheit, daß man ihn nicht genau betrachten konnte, wie sonst das Antlitz eines Menschen, weil in der Gnade Gottes, in der starken Kraft des Allmächtigen, der Herr des Lebens im Leben erschien. Das Gewand ist purpurn und ziemlich schwarz, weil die Gnade Gottes brennend vor Liebe sich zum Dunkel sündiger Menschen neigt wie zum Gewande derselben. Von jeder Schulter hängt ein Band vorn und rückwärts bis zu den Füßen herab, weil die Gnade Gottes sich zu den gläubigen Menschen herabläßt und sie in Kraft und Güte aufwärts zum Himmel hebt. Um den Hals ist das bischöfliche Pallium gelegt, welches wunderbar mit Gold und kostbaren Steinen geziert ist; denn Christus, der Sohn Gottes, ist der Hohepriester des Vaters und hat überall das priesterliche Amt eingesetzt.

DIE NEUNTE VISION: DER TURM DER KIRCHE.

Dann sah ich jenseits der Säule der Menschheit des Erlösers einen hell erleuchteten Turm, der an jener südlichen Stelle des Gebäudes an die Steinmauer stieß, so daß er von außen und von innen gesehen werden konnte. Im Innern betrug die Breite überall 5 Ellen, die Höhe vermochte ich jedoch nicht zu unterscheiden. Zwischen jenem Turm und der Säule der Menschheit des Erlösers war nur der Grund gelegt, die Mauern darüber fehlten noch; so erschien dieser Raum leer und unvollendet. Lang war er eine Elle. Auch der Turm war noch nicht fertig gestellt; viele Arbeiter waren unablässig damit beschäftigt, ihn schnell und klug zu bauen. Ringsum die Spitze reihten sich sieben Schutzmauern von wunderbarer Stärke. Vom Innern des Gebäudes aber schien mir bis zur Turmhöhe eine Treppe hinanzuführen. Auf dieser Treppe sah ich eine große Menschenmenge auf allen Stufen stehen. Sie hatten feurige Gesichter und weiße Gewänder; an den Füßen aber trugen sie schwarze Schuhe. Manche waren von gleicher Art, andere größer und leuchtender. Sorgfältig betrachteten sie den Turm. Im Norden des Gebäudes sah ich dann Welt und Menschen, die von Adam ausgehen. Sie traten in das Gebäude ein und gingen hinaus. Die Eintretenden trugen ein weißes Gewand. Sie waren voll Freude darüber und wollten es gern behalten, einige von ihnen aber waren wie durch Last und Schwierigkeiten traurig und wollten sich dessen entkleiden. Gütig sagte jene Tugend einem jeden, welche ich vorher als das Wissen Gottes hatten nennen hören: »Betrachte und bewahre dein Kleid, das du trägst.« Manche sah ich durch diese Worte gleichsam gezüchtigt, und es schien sie das Gewand noch mehr zu belasten; diese behielten es mit Mühe an. Wieder andere rasten auf diese Worte hin und warfen es in Wut von sich, kehrten zur Welt zurück, aus der sie gekommen waren und beschäftigten sich mit vielfachen unnützen Dingen und Eitelkeiten. Eine Reihe von ihnen aber kehrte doch wieder zum Gebäude zurück und bekleidete sich aufs neue mit dem Gewand, das sie fortgeworfen hatten. Andere wollten nicht zurück und blieben schamlos in Blöße in der Welt. Die häßlichsten und schmutzigsten Gestalten, von Wut entbrannt, kamen von Norden und stürzten sich von da aus auf das Gebäude; johlend drangen sie zum Turm, als wenn Schlangen zischelten. Manche ließen von ihrer Unsinnigkeit ab, wurden rein; es gab aber auch solche, die in Sünden und Schmutz verharrten. In dem Gebäude, gegen den Turm zu, gewahrte ich noch 7 Säulen aus weißem Marmor, die wundersam rund gedreht standen. Sie waren sieben Ellen hoch. Die Spitze trug eine eiserne runde Täfelung, die sich geziemend zur Höhe reckte. Oben darauf stand eine sehr schöne Gestalt, deren Blick auf die Menschen in der Welt gerichtet war. Ihr Haupt leuchtete wie ein Blitz,, so daß es mir nicht recht sichtbar war. Ihre Hände ruhten ehrfürchtig auf der Brust; die Füße verschwanden in der Täfelung. Wie ein Kranz umsäumte ein heller Lichtstreifen ihr Haupt. Ein goldenes Gewand trug sie, von dem ein Band von der Brust bis zu den Füßen herab hing, das mit kostbarsten Edelsteinen von grüner, weißer und roter Farbe, die Purpurblitze durchzuckten, geziert war. Sie schrie zu den Menschen in der Welt: »Ihr Säumigen, weshalb kommt ihr nicht? Ihr müßt eilen und auf Gott eure Hoffnung setzen, daß er euch hilft!«

2. Außerdem sah ich noch drei andere Gestalten auf dem Boden des Gebäudes stehen; alle wandten sie sich zur Säule der Menschheit des Erlösers und zum Turme. Jene eine, die zu den Säulen hinanschritt, war so groß, daß fünf Menschen Platz genug gehabt hätten.

3. Die andere Gestalt aber schien dreiköpfig, nämlich mit einem Haupt an der gewöhnlichen Stelle und je einem auf beiden Schultern. Das mittlere überragte jene beiden anderen.

4. Der Turm, der sich im Süden an die steinerne Gebäudemauer anlehnt, erscheint deshalb so erleuchtet, weil er vom heitersten Licht der Menschheit des Sohnes Gottes bestrahlt wird.

5. Die Breite des Innern beträgt 5 Ellen, weil die innere Schau und die Betrachtung durch die fünf Sinne unter Eingießung des hl. Geistes mit allen jenen Tugenden, welche das wahre Lamm ihnen offenbart, zur Ehre des Lammes, ihres Bräutigams, zurückgegeben wird.

6. Die Höhe erscheint unermeßlich, weil die Höhe und die Tiefe der göttlichen Weisheit und des Wissens

im kirchlichen Werk die Schätzung des gebrechlichen und sterblichen Menschenherzens übertrifft.

7. Zwischen dem Turm und der Säule der Menschheit des Erlösers siehst du nur den Grund, die Mauern fehlen noch, und deshalb sieht der Ort unvollendet und leer aus; er mißt eine Elle, um zu zeigen, daß in der Kirche, die meinem Sohne vermählt ist, das hehre Lob noch im Wissen Gottes verborgen liegt, wie in einem festen Grund; es liegt noch nicht im vollendeten Werk, sondern ruht einstweilen uneröffnet in den Menschenherzen.

8. Die sieben Schutzmauern in der Höhe, die mit bewundernswerter Festigkeit gebaut sind, sollen dartun, daß die Kirche mit den sieben unüberwindlichen Gaben des hl. Geistes begabt ist.

9. Im Innern des Gebäudes siehst du eine Leiter bis oben hinauf, weil in dem Werk, das der himmlische Vater nach göttlichem Plan durch seinen Sohn wirkte, viele Stufen zusammengehören in dem einfachen und höher hinauf schreitenden kirchlichen Bau, nämlich um bis zur Höhe der himmlischen Geheimnisse zu gelangen, welche die Kirche stärken und schirmen.

10. Daher tragen sie auch feurige Gesichter, weiße Gewänder, aber schwarze Schuhe, weil in ihrem Geiste, d. h. dem der apostolischen Führer, der schauende Glaube lebt; ihr Gesicht erscheint deshalb entflammt, weil sie durch die Glut des hl. Geistes an einen Gott glauben. Das Gewand ist weiß, weil sie in der reinsten Klarheit guter Werke vor Gott und der Welt leuchteten; schwarz jedoch sind die Schuhe, denn die Wege des Unglaubens und vielerlei schmutzigen Verbrechens ungläubiger Völker mußten überschritten werden, die sie durch ihr Beispiel zum Weg der Gerechtigkeit, wenn

auch mit vielen Schwierigkeiten, umwandelten, auf daß sie das Ziel erreichten.

11. Im Norden des Gebäudes siehst du die Welt und Menschen, welche aus Adams Samen hervorgehen, zwischen der leuchtenden Mauer des schauenden Wissens und dem Kreis um den Thronenden eilends herumgehen. Das bedeutet, daß die Welt und die ihr gehörigen Menschen durch die Schuld der ersten Eltern in fleischlichen Begierden weilen.

12. Daher betreten und verlassen auch zahlreiche durch die Mauer des schauenden Wissens das Gebäude zwischen dem Turm des vorbereitenden göttlichen Willens und der Säule der Gottheit des Wortes, wie eine Wolke auseinander flieht, hierhin und dorthin. Jene, die ihrer Wollust folgten in böser Begierlichkeit, treten heraus. Jene sind's, deren gedankliche Schnelle sie bald zum Guten, bald zum Schlechten führt. Eine andere Schar wiederum erscheint traurig und von Schwierigkeiten gebeugt, so daß sie sich des Gewandes entledigen wollen, da sie von einer sehr schweren Last gedrückt und auf schwierigen Wegen behindert sind. Nicht alle tun es ihnen aber gleich, sondern mehrere werden wie rasend, legen das Gewand voll Wut ab, kehren zur Welt zurück, aus der sie kamen, und lernen viele unnütze weltliche Dinge. Sie wollen vom katholischen Glauben in ihrem eitlen Irren nichts mehr wissen und führen böse Werke aus, die zum Tode gereichen. Einige von ihnen aber kehren zum Gebäude zurück, bekleiden sich wieder und lassen so vom Wege des Irrtums und nehmen das göttliche Werk wieder in sich auf.

13. Es stürzen sich auch schmutzige, tiefschwarze Gestalten wütend von Norden auf das Gebäude und den

Turm. Sie schmähen ihn beim Vordringen und johlen, als wenn Schlangen zischeln. Dies soll jene verbrecherischen Menschen versinnbilden, die unter der Einwirkung fröhlicher Stumpfheit in der Schwärze teuflischen Verlangens Gott anblicken. Sie wollen Amt und Kirche, die von Gott bestimmt sind, verschlingen und mit rasender Wut bedrängen, gleichsam wie die alte Schlange täuschendes Zischeln von sich gab.

14. Die sieben weißen Säulen aus Marmor von wunderbar geschnörkelter runder Form, die zwischen dem Gebäude und dem Turm der Kirche stehen, sind ein Sinnbild des hl. Geistes, den der allmächtige Vater zu Schutz und Zier der neuen Braut als siebenfache Gegenwehr gegen alle Widrigkeiten gab. Die runde Form ohne Anfang und Ende bezeichnet die höchste endlose Macht. An der Spitze sieht man eine runde Täfelung, wie aus Eisen, die sich passend etwas nach oben erhebt, denn sie bedeutet in ihrer Klarheit die unbesiegbare und unverständliche göttliche Macht, die jene schützt und mit feinster Rechtmäßigkeit zum Himmel trägt, die sich durch die Gnaden des hl. Geistes fleischlichen Begierden entwinden.

15. Oberhalb der Täfelung siehst du eine prächtige Gestalt stehen, denn die Kraft war im höchsten Vater vor aller Schöpfung. Sie blickt zur Welt, weil sie jene, die ihr folgen wollten, mit ihrem Schutze beschirmt und leitet. Ihr Haupt leuchtet so hell wie der Blitz, so daß ich es nicht ganz erkennen kann, weil die Gottheit in ihrer strahlendsten Helle schrecklich ist für jegliches Geschöpf. Die Hände ruhen züchtig auf der Brust, weil die Kraft der Weisheit sich klug beherrscht und ihre Werke so leitet, daß ihr niemand sowohl an Klugheit noch Gewalt widerstehen kann. Ihre Füße sind deinen

Blicken in der Täfelung entzogen, weil ihre Tiefe im Herzen des Vaters für alle Menschen verborgen liegt, und ihre Geheimnisse nur Gott enthüllt sind. Auf ihrem Haupte hat sie einen Reifen, der viel Licht ausstrahlt, wie einen Kranz, weil die Majestät Gottes ohne Anfang und ohne Ende ist und so von der blendenden Helligkeit der Gottheit überfließt, daß die sterblichen Gemüter in ihr zurückgeworfen werden. Von der Brust bis zu den Füßen gleitet ein mit kostbaren grünen, weißen und roten Edelsteinen besetztes Band herunter, weil von Anbeginn der Welt an die Weisheit zuerst ihr Wirken zeigte, bis zum Ende der Zeiten sich ein Weg hinzieht, der mit heiligen und gerechten Geboten geschmückt ist. Zuerst erschien nämlich die Weisheit in der grünen Pflanzung der Patriarchen und Propheten, die in sorgenvoller Arbeit unter Seufzen mit leidenschaftlicher Heftigkeit nach der Menschwerdung von Gottes Sohn verlangten; dann erstrahlte sie in der blendenden Zier der Jungfräulichkeit Mariens; darauf in unerschütterlichem, blutgerötetem Glauben der Märtyrer, schließlich in leuchtender Betrachtung der purpurnen Liebe, in der Gott und der Nächste durch die Glut des hl. Geistes geliebt werden muß.

16. Noch siehst du auf dem Grund des Gebäudes drei andere Gestalten, weil diese Tugenden das Irdische mit Füßen stoßen und Himmlischem nachfolgen. Sie bedeuten die drei Werkzeuge, mit denen die Kirche in ihren Söhnen das Ewige erstrebt. Die beiden anderen stehen seitwärts, weil die Liebe zu Gott und dem Nächsten mit ihrer Ermahnung aufs innigste miteinander vereint sind. Sie wenden sich alle zur Säule der Menschheit des Erlösers und zum schon genannten Turme, weil sie mit gleicher Einmütigkeit dartun, den

Sohn Gottes als wahren Gott und wahren Menschen in der Kirche anzubeten und zu verehren.

17. Die an den Säulen schräg aufsteigende Gestalt bedeutet die Gerechtigkeit Gottes, weil sie nach der Weisheit durch den hl. Geist in den Menschen mit all ihrer Gerechtigkeit wirkt. Sie nimmt den Raum von fünf Menschen ein, weil das menschliche Vermögen mit den fünf Sinnen in der Weite des göttlichen Gesetzes sich bewegt. Sie ist auch so schlank, daß ich ihre Länge nicht genau zu unterscheiden vermochte. Sie durchblickt das ganze Gebäude, weil sie, in ihrer Ausbreitung den Menschenverstand übertreffend, aufwärts zu den himmlischen Dingen strebt. Ihr großer Kopf und ihre scharfen Augen bestrahlen den Himmel. Sie ist so licht und hell wie eine heitere Wolke, weil sie in der weißen Reinheit gerechter Menschenseelen wohnt. Das menschliche Äußere würde nicht zu ihr passen, weil sie mehr dem Himmel angehört als der Erde.

18. Die erste Gestalt an ihrer Seite zeigt die Kraft. Nach der göttlichen Gerechtigkeit erhebt sie sich wie die Fürstin vor dem Angesicht des Himmelskönigs. Sie tritt bewaffnet auf. Der Helm, das Zeichen der Kraft, zum Heil der Gläubigen, schmückt sie. Durch den Panzer, d. h. das christliche Gesetz, wird gerechterweise der Pfeil teuflischer List zunichte gemacht. Die Beinschienen zeigen an, daß man auf rechtem Wege, d. h. nach der Lehre der hervorragenden Lehrer wandeln muß. Die Armschienen aber, daß die Gläubigen ihre größten Taten in Christus vollenden. In der Rechten schwingt sie ein gezücktes Schwert. Unter ihren Füßen siehst du sodann einen schrecklichen Drachen zertreten, weil sie durch den rechten Weg die alte schauervolle Schlange ihrer Macht unterwirft.

19. Die letzte Gestalt bedeutet die Heiligkeit, weil auf den mit Kraft geführten Kampf gegen den Teufel die Heiligkeit die Menschen zu Himmelsbürgern ziert. Sie ist dreiköpfig, weil sie auf dreifache Art die Vollendung schafft. In gerechtem und würdigem Handeln muß Gott als das Haupt aller wahren Freuden gefürchtet und verehrt werden. Das mittlere Haupt überragt jene beiden seitlichen Köpfe, weil jener, der der Richter über Gute und Böse ist, alles überragt. Der mittlere und der rechte Kopf leuchten so stark, daß deren Helligkeit deine Augen blendet, und du nicht sicher erkennen kannst, ob sie nach männlicher oder weiblicher Art gebildet sind. Wieso? Die Heiligkeit ist auf ihrem Höhepunkt, im Glücke ewiger Wonne so vom Licht der göttlichen Gnade übergossen, daß der menschliche Verstand die Tiefe ihres Geheimnisses nicht begreifen kann. Das linke Haupt ist etwas dunkler und nach Frauenart mit einer weißen Hülle verschleiert, weil sich die Vollendung, die sich kräftiglich aus Liebe zu Gott bezwingt, beim anstürmenden Kampf mit dem Teufel in demütigster Unterwerfung in der strahlenden Schönheit christlichen Streites dem göttlichen Erlöser mit frommen Seufzern anempfiehlt.

DIE ZEHNTE VISION: DIE ERSTE VON DER ZUKUNFT DER KIRCHE.

Dann sah ich oben an der östlichen Kante des Gebäudes, wo die zwei Mauern, jene leuchtende und steinerne, aneinander stoßen, sieben leuchtende weiße Marmorstufen; diese krönten den Stein, auf welchem der im Glanze Thronende saß, wie ein Schutzdach. Über den Stufen saß ein Jüngling mit edlen männlichen Gesichtszügen und dunklen Haaren, die ihm lang herunterfielen. Ein purpurnes Gewand hüllte ihn ein. Bis zur Körpermitte konnte ich ihn sehen, der übrige Teil jedoch war verdunkelt.

2. An jener östlichen Stelle sah ich dann noch vor dem genannten Jüngling drei Gestalten stehen, die ihn hingebungsvoll ansahen. Nach Norden zu, zwischen dem Gebäude und dem großen Kreis, der von jener Lichtgestalt auf dem Throne sich verlängerte, bemerkte ich ein in der Luft hängendes Rad und in demselben eine menschliche Gestalt, die bis zur Brust sichtbar war und aufmerksam ihre Blicke zur Welt aussandte. Vor der Südecke des Gebäudes aber sah ich noch eine an-

dere Gestalt, die sich mit großer Heiterkeit zu dem Jüngling wandte. Wie die übrigen Tugenden, die ich gesehen hatte, waren auch sie mit weißen Gewändern bekleidet. Alle trugen weiße Kopfschleier, außer der zur Rechten, deren entblößtes Haupt weiße Haare erkennen ließ. Nur die mittlere trug einen weißen Mantel, denn die beiden anderen hatten keinen. Zwei von ihnen hatten weiße Kleider an, bis auf die im Rade hängende, welche ein schwärzliches trug. Die linke Gestalt hatte ein mattfarbenes an ihrem Körper. Die linke und die rechte Gestalt waren mit weißen Schuhen versehen, die mittlere trug welche von schwarzer Farbe, die mit anderen Farben durchwirkt waren. Auf der Brust der mittleren sah ich zwei kleine Fenster und über ihr einen Hirsch, der sich zur rechten Seite der Gestalt hindrehte, so daß seine Vorderfüße über dem rechten Fensterchen und die Hinterfüße über der linken Öffnung lagen, gleichsam als schickte er sich zum Lauf an.

3. Die Gestalt nach Norden im Rade trug in ihrer rechten Hand ein grünendes Reis. Trotzdem das Rad sich beständig drehte, blieb sie selbst unbeweglich. Rings um das Rad stand: »Wenn mir jemand dient, soll er mir nachfolgen, und wo ich bin, da wird auch mein Diener sein.« Und in die Brust der Gestalt war folgendes eingemeißelt: »Ich bin die Gabe des Lobes in den Landen.«

4. Die Gestalt an der südlichen Stelle erscheint so mit glänzendem Antlitz, daß ich sie nicht recht sehen konnte. Ich sah jedoch, daß sie an jeder Seite einen weißen Flügel hatte, deren Breite die Länge der Gestalt überragte.

5. Dann sah ich, wie der ganze Boden des Gebäudes wie von heiter glänzendstem Kristall erglühte.

Auch der Glanz des auf dem Throne Sitzenden blitzte auf dadurch bis zum Abgrund. Im Kreise um den Thron herum und rings um die Gebäude wurde die Erde sichtbar und ließ das Gebäude wie auf einem Berge liegend erscheinen. Wiederum sprach der auf dem Throne Sitzende: »Der Sohn des lebendigen Gottes ist der Eckstein, den jene verwarfen, die im Gesetze Gottes zu ihrem Heile bauen sollten, aber dieses verschmähten und mehr die Finsternis als das Licht, den Tod mehr als das Leben liebten.«

6. In der Höhe der östlichen Gebäudeecke, wo die leuchtende und steinerne Mauer sich miteinander verbinden, siehst du sieben ganz helle Marmorstufen. Dies bedeutet, daß in der Höhe der Gerechtigkeit vom wahren Aufgang, der der Eckstein nach Gottes Plan ist, die beiden notwendigen Verbindungen entspringen, nämlich das schauende Wissen und das menschliche Werk in einmütiger Ruhe einander gehören. Der siebenfache Aufstieg der strahlendsten Kraft hilft dabei, der voll der gerechten Hoffnung ist, welche Gott im Menschen wirkt und vollendet, wie er auch in sechs Tagen erschuf und am siebten ausruhte. Die Stufen erscheinen nach Art eines Schutzdachs über dem großen Steine, auf welchem die leuchtende Gestalt thront, passend gewölbt, weil alles Handeln, das in Glaube und Werk in gläubigen Menschen zur Vollendung kommt, in der Furcht des Herrn geschieht.

7. Auf dem Sitz sehe ich einen Jüngling ruhen. Er ist ein Sinnbild der unerschütterlichen Herrschaft in aller Gerechtigkeit. Er hat ein männliches edles Antlitz, weil er als der tapferste Löwe den Tod vernichtete. Er erscheint bleich, weil er nicht wie die Menschen die

irdische Ehre suchte, sondern in tiefer Demut, Bescheidenheit und Armut einherging.

8. Du siehst die Gestalt bis ungefähr zur Körpermitte, weil jene Taten, die er von der Menschwerdung bis auf den heutigen Tag in der Kirche wirkte, den Gläubigen offenbar sind. Sein übriger Körper ist jedoch zu sehr verdunkelt, als daß du ihn erkennen könntest, weil man das weder weiß noch sehen kann, was von nun an bis zur Vollendung der Zeiten in der Kirche geschieht, außer wenn es durch göttliche Offenbarung oder durch den katholischen Glauben erfaßt wird.

9. Gen Osten siehst du im Gebäude vor dem Jüngling drei Gestalten beieinander stehen, die ihn mit großer Andacht anschauen. Sie wenden ihren Blick ihm zu, weil sie ihn in den gläubigen Menschen erkennen und suchen. Dann siehst du auch gegen Norden im großen Kreise, der sich von der leuchtenden Gestalt auf dem Throne ausbreitet bis zum Gebäude, ein Rad in der Luft hängen und in demselben eine Menschengestalt. Sie ist für dich sichtbar bis zur Brust. Sie schaut scharfen Blickes zur Welt, weil Gottes umhergehende Barmherzigkeit gegen teuflische Künste innerhalb der geheimen Macht Gottes und geistlicher Erbauung in den Menschenseelen wie in der Luft hängt und bald die Macht göttlicher Gerechtigkeit berührt, bald sein Werk in ihnen tapfer bestärkt und dreht.

10. Vor der südlichen Ecke des Gebäudes erscheint noch eine andere Gestalt im Gebäude, die sich mit heiterer Miene zum Jüngling wendet, denn, damit der Fall des Menschen durch die Güte des himmlischen Vaters in glühender Fruchtbarkeit zum Leben wieder hergestellt wird, zertritt diese Tugend in der Fülle göttlichen Werkes das Zeitliche und gibt sich in der Süße seiner

Liebe zu erkennen und eilt zum Sohne Gottes in englischer Gemeinschaft unter dem Jubel der gläubigen Menschheit.

11. Die mittlere Gestalt ist die Beharrlichkeit, welche als Säule und Schutz der andern Tugenden gilt. In den Menschen offenbart sie sich durch beständige gute Werke.

12. Die zweite Gestalt zur Rechten versinnbildet die Sehnsucht nach dem Himmel.

13. Die dritte Gestalt steht auf der linken Seite; sie ist voll Herzenszerknirschung und beweint heftig ihre Verbannung.

14. Die gegen Norden im Rade hängende Gestalt zeigt die Vollkommenheit Christi und die Verachtung der Welt. Durch den Sohn Gottes wurde klar gezeigt, daß die Fülle der Tugenden nur bestehen kann, wenn das Weltliche abgetan wird. In der rechten Hand hält sie ein grünendes Reis, weil in der Seligkeit der Seelen das Hervorsprossen der schönsten Tugenden enthalten ist, wenn der hl. Geist solches eingab. Obgleich sich das Rad bewegt, ohne je stille zu stehen, bleibt aber die Gestalt selbst unbeweglich, weil die Barmherzigkeit Gottes sich in gütigem Mitleiden zu den Menschen neigt und mit ihrem Elend Erbarmung zeigt.

15. Die im Süden liegende Gestalt bedeutet die Eintracht; sie flieht die Wut der boshaften Geister und umarmt die Gemeinschaft der seligen Engel.

16. Den Boden des Gebäudes aber siehst du ganz wie funkelndes Kristall aufleuchten, aus welchem sich heiterster Glanz ergießt, weil die Stärke des wahren Glaubens das Werk und die Stadt Gottes trägt und erklärt.

DIE ELFTE VISION: DIE ZWEITE VON DER ZUKUNFT DER KIRCHE.

Dann sah ich gegen Norden fünf wilde Tiere stehen. Das erste glich einem feurigen, aber nicht brennenden Hunde. Das zweite ähnelte einem rotgelben Löwen, das dritte einem mattfarbenen Pferde, das vierte einem schwarzen Schweine. Das letzte aber erschien mir wie ein Wolf, der sich nach Westen wandte. Vor diesen Tieren sah ich noch im Westen einen Hügel mit fünf Gipfeln. Aus dem Munde jedes Tieres hing ein Strick bis zu je einem der Gipfel hinaus. Diese Taue waren fast alle schwarz, außer jenem, das aus dem Munde des Löwen kam, dessen eine Hälfte weiß war. Im Osten gewahrte ich wiederum jenen Jüngling, den ich schon vorher an der Ecke, wo die leuchtende und die steinerne Mauer zusammenstoßen, in einem Purpurgewand gesehen hatte. Ich sah ihn wieder an derselben Stelle, jedoch sah ich jetzt seinen Körper wie die Morgenröte leuchten von der Mitte bis dorthin, wo man den Mann erkennt. Er erschien mir dort wie eine Laute mit querlaufenden Saiten. Weiter abwärts bis zu den Fußknöcheln war er dunkel, und die Füße waren weißer als Milch. Auch jene Frauengestalt, welche ich vor dem Altare, d. h. vor Gottes Augen früher gesehen hatte, wurde mir jetzt wieder gezeigt, und zwar konnte ich sie auch von der Mitte bis zu den Füßen ganz sehen. Von ihrer Körpermitte bis zur weiblichen Eigenart hatte sie verschiedene schuppige Flecken. An der Stelle der weiblichen Erkennbarkeit trug sie ein ungeheuerliches tiefschwarzes Haupt mit feurigen Augen und Ohren wie die eines Esels; Nase und Maul eines Löwen, der mit weitgeöffnetem Maule knirscht, als wollte er sich schrecklich seine eisernen und furchterregenden Zähne wetzen. Von jenem Haupte bis zu den Knien schien jene Gestalt von weißer und roter Farbe und von Zerknirschung gleichsam aufgerieben. Von den Knien bis zu den beiden weißen Streifen, die oben kreuzweise die Fußknöchel berührten, war die Gestalt blutigrot. Jenes ungeheuerliche Haupt bewegte sich mit solchem Getöse, daß die ganze weibliche Gestalt in allen ihren Gliedern davon erschüttert wurde. Eine große Menge von dicker Flüssigkeit sammelt sich um diesen Kopf. Er versuchte über einen Berg die Höhe des Himmels zu ersteigen. Aber siehe da! Plötzlich schlug ein heftiger Donner das Haupt mit solcher Kraft zurück, daß es vom Berge hinunterfiel, und sein Geist erstarb.

2. Dann umgab widerlich riechender Nebel den ganzen Berg, in welchem auch der Gipfel so mit Schmutz eingehüllt wurde, daß die herumstehenden Menschen von größtem Schrecken befallen wurden. Jener Nebel um den Berg herum blieb längere Zeit, und das Volk sprach voll Angst untereinander: »Was soll das bedeuten, wer wird uns helfen? Wer uns befreien?

Laßt uns also zurückkehren und die Erbschaft des Evangeliums Christi beschleunigen, denn wir sind bitter getäuscht worden.« Nun erschienen die Füße der weiblichen Gestalt weiß und reinstes Sonnenlicht ausstrahlend. Und eine Stimme sprach vom Himmel zu mir: »Strebt auch alles auf dieser Erde seinem Ziele zu, so wird die Welt doch durch viel Leid und Unglück gebeugt, da ihre Kräfte sehr geschwächt sind; dennoch kann aber die Braut meines Sohnes weder von den Vorboten des Sohnes der Verderbnis, der sie vielfach in ihren Söhnen lahm legt, noch sonst durch irgendeinen Ansturm zertrümmert werden. Im Gegenteil! Sie wird am Ende der Zeiten stärker und kräftiger, schöner und herrlicher befunden werden.«

3. Im Norden siehst du fünf wilde Tiere stehen, die sich in der sündhaften Befleckung fleischlicher Begierde finden. Es sind dies auch die fünf wildesten Lebensrichtungen der zeitlichen Reiche, die ungestüm lärmen.

4. Ein Tier gebärdet sich wie ein feuriger und doch nicht brennender Hund, weil in diesem Zeitlauf strenge Bestimmungen bestehen, die bei den Menschen als feurig gelten, aber in der Gerechtigkeit Gottes nicht brennen.

5. Das zweite Tier gleicht einem rotgelben Löwen, weil in jener Zeit, die es versinnbildet, die Menschen kriegerisch sind und viele Kämpfe herausfordern. Die dunkelgelbe Farbe aber gemahnt, daß jene Reiche anfangen, müde und schwach zu werden.

6. Wieder ein anderes wildes Tier gleicht einem fahlen Pferde, weil die ihm entsprechenden Zeiten in der Sünde leichtsinnig sind und für die Lust schnelle Menschen hervorbringen. Diese Reiche werden bald in

Blässe hinsinken, weil sie die Kraft ihrer Stärke eingebüßt haben.

7. Nun kommt ein schwarzes Schwein, weil jene Zeit solche Führer erstehen läßt, die große Traurigkeit verursachen. Sie setzen nämlich das göttliche Gesetz in entgegengesetzter Unzucht und anderen unheilvollen Dingen hintan und schmieden vielerlei Trennung von den göttlichen Geboten.

8. Dann erscheint ein Wolf, weil in jenen Zeiten die Menschen viel unter Raub der Mächtigen zu leiden haben, und sie bei diesem Streit weder schwarz noch weiß, sondern gelblich in Verschlagenheiten erscheinen. Sie teilen die Reiche und jagen ihre Oberhäupter davon. Jetzt kommt die Zeit der Aufreizung vieler Gemüter, wo Irrtum über Irrtum von unten bis zum Himmel aufgetürmt wird, denn die Söhne des Lichtes werden im Martyrium wie in einer Kelter ausgepreßt. Jene Tiere richten sich nach Westen, weil diese blinden Zeiten mit der untergehenden Sonne zusammenbrechen.

9. Im Westen erhebt sich vor den Tieren ein Hügel mit fünf Gipfeln, weil die auf fleischliche Begierden und Auswüchse begründete Macht fünferlei Höhepunkte aufweist. Vom Munde eines jeden Tieres hängt ein Tau bis zu einem Gipfel empor, weil vom Beginn jener Zeiten an bis zu einer gewissen Höhe der Macht ein zarter Faden reicht. Alle sind sie schwarz bis auf jenes, das aus dem Munde des Löwen heraushängt, denn dieses ist teils schwarz, teils weiß, weil Weitschweifigkeiten mit der vielgestaltigen Hartnäckigkeit des menschlichen Hangs zum Sinnesvergnügen gegeben sind.

10. Gegen Osten siehst du wieder jenen Jüngling,

den du vorher an der gemeinsamen Ecke der leuchtenden und der steinernen Gebäudemauer in purpurner Kleidung gesehen hattest. Du erkennst die Gestalt von ihrer Mitte ab, weil der Bräutigam der Kirche nur durch die Kraft seiner Glieder, der Auserwählten, stark ist. Von der Mitte bis zur Unterscheidung des Mannes leuchtet die Gestalt, weil von jener Vollendung an, die die gläubigen Glieder in ihrer Stärke besitzen, bis zur Zeit des Sohnes der Verderbnis, welcher sich als der Mann der Kraft ausgibt, das Licht der Gerechtigkeit gezeigt wird. Die Harfe mit den querliegenden Saiten aber bedeutet dies: Der Sohn des Bösen belästigt bei seiner Verfolgung der Guten jene mit vielen Qualen; aber froher Gesang wegen der grausamen Leiden, die sie im Körper ertrugen, löst sie von den körperlichen Fesseln, und sie gehen zum Frieden ein.

11. Die weibliche Gestalt vor dem Altare, d. h. vor Gottes Augen, wird dir wiederum gezeigt, weil die Braut des Sohnes Gottes unermüdlich ist in den reinsten Gebeten der Heiligen. Du siehst dann noch ein Stück des Leibes abwärts, weil dir offenbart wird, daß sie für die Zeugung bis zur Fülle ihrer Söhne mit vielen Geheimnissen fortdauert. Von der Mitte bis zur weiblichen Besonderheit hat die Gestalt verschiedene schuppige Flecken, denn das bedeutet die Blüte in den Söhnen bis zu jenem Zeitpunkt, als der Sohn des Verderbens, der Teufel, seine Künste dem ersten Weibe eingeben wollte.

12. Daher siehst du auch an der weiblichen Unterscheidung ein ungeheuerliches schwarzes Haupt; denn mit der List der ersten Verführung in schlimmster Schändlichkeit und dunkelsten Sünden raste der Sohn des Verderbens daher. Der Kopf hat feurige Augen,

Eselsohren, Nase und Mund eines Löwen, weil er die Menschen zu rasenden Handlungen häßlichsten Feuers und schimpflichstem Widerspruch gegen Gott hinriß.

13. Von jenem Haupte bis zu den Knien siehst du sie weiß, rot und in großer Zerstörung, weil beginnend von der schlimmen Täuschung bis zu dem Augenblick, als der Sohn der Verderbnis die Menschen schon grausamer niedergebeugt, hält die Kirche in ihren Söhnen die strahlende Ehre des Glaubens, wenn auch unter vielerlei blutigen Leiden hoch.

14. Von den Knien bis zu den beiden weißen Streifen, die gekreuzt die Fußknöchel berühren, erscheint die Gestalt blutigrot, weil sie höchst verbrecherische Verfolgungen und grausamste Blutvergießung in jenen zu bestehen hat, die den Verderber verachten.

15. Was bedeutet das? Die sechs Tage sind die sechs Zeitalter, aber im sechsten schenkte Gott der Welt neue Wunder, wie er auch am sechsten Tage seine Schöpfung vollendet hatte. Jetzt aber befindet sich die Welt im siebten Abschnitt, sie steht vor dem jüngsten Tage, d. h. am siebten Tage. Wieso? Die Propheten haben ihre Stimme erhoben, und mein Sohn hat meinen Willen in der Welt vollbracht, und das Evangelium wurde in der ganzen Welt gepredigt. Aber nun wankt der katholische Glaube unter den Völkern, und das Evangelium ist gleichsam lahm bei den Menschen.

16. Noch ist die Kirche in ihren Gliedern, d. h. in ihren Kindern, nicht vollendet, aber sie wird am jüngsten Tage mit der Zahl ihrer Auserwählten vollzählig sein. Am letzten Tage wird eine Erschütterung des Erdkreises vor sich gehen, wenn ich, Gott, die vier Elemente mit allem, was sterblich ist, im Fleische des Menschen abwasche.

17. Die fünf Tage bedeuten fünf Zeitabschnitte. Am sechsten jedoch wurde auf der Erde ein neues Wunder bekannt, als der Mensch an diesem Tage gebildet wurde. Aber die Zahl »sechs« ist nun vorüber, und es ist die »sieben« gekommen. Was darauf folgt, könnt ihr nicht enträtseln; wie ihr auch nicht wissen könnt, was nach dem siebten Tage der Woche geschieht.

18. Nach den fünf Zeitaltern bemerkte ich ein himmlisches Wunder auf der Welt, wie ich auch in den Tagen die übrigen Geschöpfe geschaffen hatte, die dem Menschen Untertan sein sollten. Wäre mein Sohn früher gekommen, dann wäre es ohne Weisheit gewesen. Es hätte dies dem Früchtesammeln eines Menschen geglichen, bevor diese reif wurden. Wäre indes seine Menschwerdung bis ans Ende der Zeiten hinausgeschoben worden, dann wäre er eilends wie ein Vogelfänger gekommen, der die Vögel durch listigen Betrug fängt, indem sie nicht wissen, wie sie in dessen Netz gelangten. Mein Sohn jedoch kam gleichsam zu der Zeit, wenn der Tag nach der neunten Stunde dem Abend zuneigt, d. h. als die größte Tageskraft nachließ und die Kälte sich einzustellen begann. So kam mein Sohn nach dem fünften Abschnitt in die Welt, da sie sich nahe ihrem Untergang befand.

19. Das schauerliche Haupt bewegt sich mit solchem Lärm von seinem bisherigen Orte, daß die weibliche Gestalt an allen ihren Gliedern davon erschüttert wird. Du siehst ferner viele dicke Flüssigkeit um den Kopf herum und ihn sich über einen Berg erheben. Er versucht sogar die Himmelshöhe zu erklimmen, weil die meisten Künste teuflischer Nachstellungen, die um den Sohn des Verderbens herumstehen, viel Unreinheit in sich bergen. Diese bringen ihn zu einer derartigen

Überhebung, daß er es sich anmaßt, selbst die Himmelsgeheimnisse zu durchdringen.

20. Ein plötzlicher Donnerschlag wirft das Haupt mit solcher Kraft zurück, daß es vom Berge herunterstürzt und seinen Geist aufgibt. Dies bedeutet das Sichkundgeben Gottes, der den Sohn des Verderbens in seinem Eifer mit solcher Kraft zurückwarf, daß er auch den anmaßenden Hochmut zerschmetterte, mit dem er sich gegen Gott erhoben hatte, samt seinem Lebenshauch in den Tod ewiger Verdammnis warf.

21. Dann hüllt schrecklich riechender Nebel plötzlich den Berg ganz ein, und der Kopf verschwindet in solchem Schmutz, daß die gegenwärtigen Völker von größtem Schrecken befallen werden, weil unsauberster, unerträglicher und höllischer Gestank den ganzen Ort anfüllt, an welchem jener schlimmste Verbrecher mit seiner ekelerregenden Unreinheit hauste; nach dem gerechten Gericht Gottes wird sogar sein Anfang und Ende aus dem Gedächtnis schwinden.

DIE ZWÖLFTE VISION: VOM JÜNGSTEN GERICHT.

Dann sah ich alle Elemente und Kreaturen von grausiger Bewegung erschüttert. Feuer, Luft und Wasser brachen hervor, die die Erde bewegten. Blitze zuckten und Donner ertönten, Berge und Wälder fielen übereinander, so daß jedes sterbliche Wesen seinen Lebensodem aufgab. Alle Elemente wurden so sehr gereinigt, daß aller Schmutz in ihnen ganz und gar entschwand. Und ich vernahm eine Stimme über den ganzen Erdkreis rufen: »Stehet auf alle ihr Menschenkinder, die ihr auf der Erde liegt!« Und siehe! Alle Gebeine der Menschen, wo immer sie auch auf der Erde lagen, wurden im Nu gesammelt und mit ihrem Fleische bedeckt. Jedes Geschlecht erhob sich unversehrt in seinem Leibe und Gliedern; die Guten erstrahlten in großer Herrlichkeit, die Bösen erschienen in tiefe Dunkelheit gehüllt, so daß also eines jeden Werk geoffenbart wurde. Einige von ihnen waren mit dem Siegel des Glaubens bezeichnet, andere wiederum nicht. Ein Teil war vorne auf der Stirn mit einem großen Glanz ausgezeichnet. Ich sah aber auch welche, die dessen entbehrten. Plötzlich leuchtete vom Osten ein blendend heller Blitz auf, und in einer Wolke erschien der Menschensohn genau so, wie er auf der Welt aussah, mit entblößten und geöffneten Wunden. Engelchöre umgaben ihn auf seinem leuchtenden, jedoch nicht brennenden Throne. Nun begann der gewaltige Reinigungssturm der Welt. Jene, die bezeichnet waren, wurden ihm entgegen in die Luft wie in einen Wirbelwind gerissen. Die Guten wurden von den Bösen getrennt. Eine einladende Stimme pries die Gerechten des Himmelreichs würdig, wie es auch, im Evangelium bezeugt ist. Dieselbe Stimme überantwortete mit schrecklichem Tone die Ungerechten den ewigen Strafen,, wie es geschrieben steht: »Es wird keine Probe und Antwort mehr von ihren Werken gefordert außer der, die das Evangelium angibt, denn eines jeden Tun, sei es gut oder schlecht,, wird an ihm offenbar.« Jene Unbezeichneten aber standen weit: ab in der Teufelsschar gen Norden und wurden zu diesem Gericht nicht zugelassen. Aber auch sie sah ich in einem Wirbel stehen, weil sie das Ende des Richter Spruches erwarteten, und ich hörte sie bittere Seufzer ausstoßen. Als das Gericht beendet worden war, hörten Blitze, Donner, Winde und Stürme auf. Alles Vergängliche an den Elementen verschwand plötzlich und tiefste Ruhe trat ein. Die Auserwählten erstrahlten noch heller als die Sonne und eilten mit dem Sohne Gottes und den glückseligen Engeln voll Freude zum Himmel, während die Verworfenen mit dem Teufel und seinen Engeln heulend zur Hölle strebten. So nahm der Himmel die Auserwählten auf; die Hölle aber verschlang die Verworfenen. Bald erglänzten auch die Elemente in größter Heiterkeit, als wäre ihnen die schwarze Haut abgezogen worden. Sonne, Mond und Sterne, als der hauptsächliche Schmuck des Firmaments, strahlten voll Zier und Glanz; sie verharrten ohne Bewegung, so daß der Tag nicht mehr von der Nacht zu unterscheiden war, sondern immer Tag war. Wieder hörte ich die Stimme zu mir sprechen: »Diese Geheimnisse zeigen die jüngste Zeit an, in der die Zeit in das Leuchten der Ewigkeit übergeht, das ohne Ende ist. Die jüngste Zeit wird nämlich durch viele Gefahren beunruhigt und der Untergang der Welt durch verschiedene Zeichen deutlich gemacht. Wie nämlich den Menschen bei seinem Ende viele Schwächen befallen, und er in der Stunde des Todes unter großem Schmerz aufgelöst wird, so eilen auch dem Ende der Welt die größten Widrigkeiten voraus.«

2. Durch plötzliche unvorhergesehene Bewegung werden die Elemente am Ende gesprengt, die Kreatur erschüttert, Feuer bricht aus, die Luft löst sich auf, das Wasser sprudelt hervor, die Erde wird zertrümmert. Blitze zünden, Donner rollen, Berge bersten, Wälder stürzen zusammen, alles was da lebt und sterblich ist in der Luft, im Wasser und auf der Erde verliert das Leben. Das Feuer bewegt die ganze Luft, das Wasser erfüllt die Erde; auf diese Weise wird alles gereinigt.

3. Nach dem göttlichen Befehle werden die Gebeine, wo immer sie auch liegen mögen, schneller als es ein Augenaufschlag gestattet, für die Auferstehung gesammelt und mit ihrem Fleische bedeckt. So stehen also alle Menschen mit ihrer Seele und ihrem Leibe ohne irgendeine Veränderung des Körpers oder ihres Geschlechtes sofort auf. Dabei sind die Auserwählten von dem Glanze ihrer guten Werke überstrahlt, und die

Verworfenen tragen die Finsternis ihrer unglückseligen Handlungen an sich.

4. Einige sind mit dem Zeichen des Himmels gekennzeichnet, andere aber nicht. Der ersteren Gewissen leuchtet vor Weisheit durch ihre Werke des Glaubens, die anderen aber erscheinen in der Finsternis ihrer Versäumnis. Einige sind ohne das Zeichen des Glaubens, weil sie es selbst ablehnten, entweder im alten Gesetz noch in der neuen Gnade die Kenntnis des lebendigen und wahren Gottes zu besitzen.

5. Dann wird der Sohn Gottes in Menschengestalt in der Klarheit des ewigen Lichts, aber trotzdem in einer Wolke erscheinen, unter der die himmlische Herrlichkeit den Verworfenen verborgen bleibt, um die Menschheit zu richten. Er trägt die Leidensspuren an sich, die er nach dem Willen des Vaters für das Heil des menschlichen Geschlechts erduldete; ein zahlreiches Engelsheer umgibt ihn. Der Vater übergab ihm dieses Gericht, das Sichtbare an der Welt zu richten.

7. Die Bezeichneten werden dem gerechten Richter ohne Mühe, sondern vielmehr in großer Schnelligkeit entgegengetragen.

8. Dort leuchten alle Blüten meines Sohnes; sowohl die Patriarchen und Propheten, welche vor seiner Menschwerdung lebten, die Apostel, die mit ihm in der Welt verkehrten, wie auch die Märtyrer, Bekenner, Jungfrauen und Witwen, die ihm alle getreulich nachfolgten. Es finden sich darunter auch die Vorsteher meiner Kirche in zeitlichen und geistlichen Dingen. Besonders sind auch die Einsiedler und Mönche vertreten, die sich in Züchtigung und Abtötung ihres Fleisches ob des Namens meines Sohnes gering erachteten.

Dieses bewiesen sie auch in ihrer Kleidung und ahmten in großer Demut und Liebe den englischen Stand nach.

9. Dann schweigt sich das Lob des Himmels lautlos aus, wenn der Sohn Gottes den Richterspruch auf Gerechte und Ungerechte herabsendet.

10. Nach Beendigung des Gerichts hören die Schrecken der Elemente, die Blitze, Donner, Winde und Stürme auf, und alles verschwindet, was hinfällig und vorübergehend war. Geradeso wie der Schnee, der von der Sonnenhitze geschmolzen wird, aufhört zu sein. Tiefe Ruhe steigt jetzt nach göttlicher Bestimmung herab.

11. Nachdem dies alles geschehen ist, werden die Elemente in größter Klarheit und Schönheit aufleuchten, denn aller behindernde Schmutz und Dunkelheit ist von ihnen abgefallen. Dann leuchtet das Feuer ohne Glanz wie die Morgenröte. Die Luft ist ohne Dichte und leuchtet ganz rein. Das Wasser steht klar und ruhig, weil es nicht hin und her bewegt wird, und die Erde erscheint ohne Vergänglichkeit und Ungleichheit stark und eben. Größte Ruhe und Schönheit herrschen dann. Sonne, Mond und Sterne sind wie kostbarste Steine aus Gold und schimmern am Firmament mit großer Klarheit und viel Licht. Die Nacht der Finsternis weicht sodann dem ewig jungen Tag.

DIE DREIZEHNTE VISION: VON DEN CHÖREN DER SELIGEN.

Dann sah ich wieder ganz helle Luft, in der ich in allen den geschilderten Sinnbildern wunderbar verschiedene Musik hörte in Freudenliedern der Himmlischen. Dieser Schall kündete wie der Gesang einer großen Menge Zusammenklang: »Hellster Edelstein, heitere Sonnenzier ist dir eingegossen, du, dem Herzen des Vaters entspringender Quell, der das einzige Wort dessen ist, durch das er den Urstoff der Welt schuf, den Eva trübte«. Ruhmreichstes lebendiges Licht, ihr Engel, die ihr in der Gottheit die göttlichen Augen in dem mystischen Dunkel jeder Kreatur anschaut und vor Sehnsucht dabei glüht, die nie gesättigt werden kann, welch herrliche Freuden besitzt ihr in eurer Gestalt, die in euch nie von einem bösen Werk berührt wurde! Ihr prächtigen Männer, ihr alten Heiligen, habt vorhergesagt die Erlösung der verbannten und dem Tode verfallenen Seelen. Ihr kreiset wie Räder und spracht von den Mysterien des Berges, der den Himmel berührt und viele Wasser benetzt, unter euch erhob sich die helle Leuchte, die dem Berge vorauseilt und erleuchtet. Du, strahlende Apostelschar, erhebst dich in wahrer Erkenntnis, bist das klarste Licht in der schwärzesten Finsternis und die stärksten Säulen, welche die Braut des Lammes tragen, durch dessen Freude die Mutter selbst und die erste Jungfrau Bannerträgerin ist. Das Lamm ist nämlich der makellose Bräutigam, wie auch seine Braut ohne Fehle ist. Welch großen Lohn habt ihr nun, da ihr ja eure Leiber, als ihr lebtet, verachtet habt, weshalb euch das Lamm Gottes wieder einsetzte in die Erbschaft. Ihr gleicht Rosenblüten, die glücklich sind in der Vergießung ihres Blutes. Wiederum sprach die Stimme: »Ihr Nachfolger des tapfersten Löwen, ihr herrschtet für ihn dienend zwischen Tempel und Altar, wie die Engel in Lobgesängen ihre Stimme erklingen lassen und den Völkern mit ihrer Hilfe nahe sind! Ihr Nachahmer der erhabenen Persönlichkeit in dem kostbarsten und ruhmreichsten Symbol, wie herrlich ist euer Schmuck, wo der Mensch löst und bindet in Gott die Faulen und Verbannten, die Weißschimmernden und Schwarzen ziert und große Lasten nachläßt. Ihr vollziehet Engeldienst und wißt, wo die starken Grundlagen zu legen sind. Daher habt ihr auch eure große Ehre!« Ferner sprach die Stimme: »Ihr schönen, Gott anblickenden, o ihr seligen Jungfrauen, wie edel seid ihr? In euch betrachtete sich der König, und der lieblichste Garten seid ihr, der duftet in allen Wohlgerüchen.« Jetzt klagte die Stimme, als wenn eine Menge wehklagte, um zurückzurufen zu den Stufen in Harmonie: »Das ist das Wehgeschrei des größten Schmerzes! Weh, weh!« Dann sprach die Stimme, als wenn eine große Menge den Menschen zu helfen und den Teufelskünsten Widerstand zu leisten ermahnte:

»Die Tugenden überwanden die Laster, und die Menschen kehrten endlich durch göttliche Eingebung zur Buße zurück.« Wir Tugenden sind in Gott und bleiben in Gott. Wir streiten für den König der Könige und sondern das Gute vom Bösen. Deshalb wollen wir jetzt kämpfen und Hilfe bringen denen, die uns anrufen und zurücktreiben die teuflischen Künste, geleiten aber zu seligen Wohnungen, die uns nachahmen wollen.

2. Klagen der Seelen, die im Fleische weilen:

»Wir sind Fremdlinge. Was taten wir, indem wir uns auf den Abweg der Sünden begaben? Königstöchter sollten wir sein und stürzten in den Schatten der Sünden. O lebendige Sonne, trage uns auf deinen Schultern zur gerechten Erbschaft, die wir in Adam verloren haben. König der Könige, in deiner Schlacht kämpfen wir!«

Die treue Seele:

»Süße Gottheit, wonniges Leben, in dem ich das herrliche Kleid tragen und empfangen möchte, welches ich verloren habe beim ersten Erscheinen, zu dir seufze ich und rufe alle Tugenden an!«

Die Tugenden:

»Glückliche Seele, süßes Gottesgeschöpf, das du erbaut bist auf die tiefgründige Höhe göttlicher Weisheit, du liebst stark!«

Die treue Seele:

»Gern käme ich zu euch, um mir den Herzenskuß geben zu lassen.«

Die Tugenden:

»Wir müssen mit dir streiten, Königstochter!«

Die treue Seele:

»O schwere Arbeit und hartes Gewicht, das ich

trage in diesem Lebensgewande, da es mir allzu schwer fällt, gegen das Fleisch zu kämpfen!«

Die Tugenden:

»O, auf den Willen Gottes gegründete Seele, glückliches Werkzeug, warum bist du so schwach gegen das, was Gott in der jungfräulichen Natur zertreten hat? In uns mußt du den Teufel überwinden!«

Die treue Seele:

»Eilet mir zu helfen, damit ich stehen bleiben kann!«

Die Erkenntnis Gottes:

»Siehe, Tochter der Erlösung, was das ist, was du anzogst; sei standhaft, und du wirst nie fallen!«

Die treue Seele:

»Ich weiß nicht, was ich tun soll, noch wohin fliehen. Weh mir, ich kann nicht vollenden, was meinem Gewand entspricht! Wohlan, ich will es abwerfen!«

Die Tugenden:

»Unseliges Gewissen, armselige Seele! Weshalb verbirgst du dein Antlitz vor deinem Schöpfer?«

Die Gotteserkenntnis:

»Du weißt, siehst noch kennst den, der dich erschaffen hat.«

Die getreue Seele:

»Gott schuf die Welt, ich tu kein Unrecht, wenn ich sie genießen will.«

Der Teufel:

»Törin, Törin, was nützt es dir, wenn du dich abmühst? Schau die Welt an, und sie wird dich umfangen mit großer Ehre.«

Die Tugenden:

»Weh, weh! Wir Tugenden klagen und trauern, weil das Schäflein des Herrn das Leben flieht.«

Die Demut:

»Ich bin die Demut, die Königin der Tugenden, und sage: Kommet zu mir alle Tugenden, und ich will euch stark machen, um die verlorene Drachme zu suchen und die Glückliche in ihrer Ausdauer zu krönen!«

Die Tugenden:

»Glorreiche Königin und süßeste Mittlerin, wir kommen gern!«

Die Demut:

»Darum, geliebteste Töchter, halte ich euch im königlichen Brautgemach. O Töchter Israels, unter dem Baume erweckte euch Gott, erinnert euch also in dieser Zeit seiner Pflanzung, freut euch, Töchter Sions!«

Der Teufel:

»Was ist das für eine Macht, die Gott besitzt, da nichts außer ihm ist? Ich sage also: Wer mir und meinem Willen folgen will, dem gebe ich alles. Du aber und die deinen besitzest nichts, um es zu geben, weil ihr alle nicht wißt, was ihr seid.«

Die Demut:

»Ich und meine Gefährtinnen wissen wohl, daß du der alte Drache bist, der zur höchsten Höhe fliegen wollte, aber Gott selbst stürzte dich in den tiefsten Abgrund.«

Die Tugenden:

»Wir aber wohnen alle in der Höhe.«

Die getreue Seele:

»O ihr königlichen Tugenden, wie herrlich seid ihr, erglänzend in der höchsten Sonne! Wie lieblich ist eure Wohnung, darum wehe mir, die ich euch mied!«

Die Tugenden:

»Komme, o Flüchtige, komme zu uns, Gott wird dich aufnehmen!«

Die getreue Seele:

»Ach, ach, verbrennende Wonne verschlang mich in Sünden, und so wagte ich nicht, bei euch einzutreten.«

Die Tugenden:

»Fürchte dich nicht und fliehe nicht, denn der gute Hirt sucht in dir sein verlorenes Schäflein.«

Die getreue Seele:

»Jetzt müßt ihr mich aufnehmen, da ich schlecht rieche in meinen Wunden, mit denen die alte Schlange mich befleckte.«

Die Tugenden:

»Flüchtige Seele, sei stark und bekleide dich mit den Waffen des Lichts!«

Die getreue Seele:

»Du ganze königliche Tugendschar, weißschimmernde Lilien, Purpurrose, neigt euch zu mir, weil ich fern von euch in der Verbannung weilte: Helft mir, damit ich im Blute des Gottessohnes aufstehen kann. Du wahre Arznei, Demut, hilf mir, weil der Stolz in vielen Lastern mir viele Narben beibrachte. Jetzt fliehe ich zu dir! Nimm mich auf!«

Die Tugenden:

»Eile zu uns und folge jenen Spuren, auf denen du nie in unserer Gesellschaft fallen wirst, und Gott wird dich heilen.«

Die getreue Seele:

»Ich Sünderin, die das Leben floh, voll Geschwüren komme ich zu euch, damit ihr mir den Schild der Erlösung darreichet.«

Die Demut:

»Alle Tugenden, nehmt die arme Sünderin mit

ihren Narben um der Wunden Christi willen auf und führet sie zu mir!«

Die Tugenden:

»Wir wollen dich zurückführen und nicht verlassen; die ganze himmlische Heerschar freut sich über dich, darum wollen wir vereinten Jubelgesang erklingen lassen.«

Die Demut:

»Arme Tochter, ich will dich umarmen, weil der große Arzt harte und bittere Wunden deinetwegen erlitten hat.«

Der Teufel:

»Wer bist du, und woher kommst du? Du hast mich umarmt, und ich habe dich in die Weite geführt, aber jetzt beschämst du mich in deiner Rückkehr, und ich werde dich in meinem Kampf vernichten.«

Die getreue Seele:

»Ich erkannte, daß alle deine Wege böse seien, und floh vor dir. Jetzt aber, o Spötter, kämpfe ich gegen dich. Darum, o Königin Demut, hilf mir mit deiner heilenden Kraft!«

Die Demut:

»Sieg, der du ihn im Himmel überwunden hast, eile mit deinen Gefährten hinzu und bindet den Teufel!«

Der Sieg zu den Tugenden:

»Ihr tapfersten und herrlichsten Krieger, kommt und helft mir, den Betrüger zu besiegen!«

Die Tugenden:

»Süßeste Streiterin, im brausenden Gießbach ward der reißende Wolf verschlungen, glorreich Gekrönte, wir wollen gern mit dir kämpfen wider den Betrüger der Seelen.«

Die Demut:

»Bindet jenen also, ihr herrlichen Tugenden!«

Die Tugenden:

»Dir, als unserer Königin, gehorchen wir und erfüllen alle deine Befehle.«

Der Sieg:

»Freut euch, Schwestern, die alte Schlange ist gefesselt.«

Die Tugenden:

»Lob sei dir, Christe, König der Engel! O Gott, wer bist du, der du in dir selbst so große Weisheit hast, mit der du in Zöllnern und Sündern das Höllengebräu vernichtest, welche jetzt in übernatürlicher Güte erstrahlen. Lobpreis sei dir, o König, allmächtiger Vater, aus dir fließt die Quelle in feuriger Glut, führe deine Söhne auf rechten Weg und laß rechten Wind die Segel schwellen, so daß wir sie zum himmlischen Jerusalem geleiten.«

3. Diese Stimmen waren so laut, als wenn es eine ganze Menge von Stimmen wären. Ihr Klang durchdrang mich so, daß ich sie ohne Mühe verstehen konnte.

4. Ich hörte eine Stimme aus derselben hellen Luft zu mir sprechen: »Lobpreis muß dem höchsten Schöpfer ohne Unterlaß mit Herz und Mund dargebracht werden, da er nicht nur die Stehenden und Aufrechten, sondern auch die Fallenden und Niedergebeugten in seiner Gnade auf himmlische Sitze sich niederlassen heißt.«

5. Daher siehst du, o Mensch, die hellstrahlende Luft, welche den Glanz der Freude der Himmelsbewohner darstellt. In ihr höre ich in allen den gesagten Sinnbildern auf wunderbare Weise verschiedenartige Musik, Lobgesänge auf die freudigen Himmelsbewoh-

ner. Diese haben tapfer auf dem Weg der Wahrheit ausgehalten; zu ihnen gesellen sich die klagend Zurückgerufenen zum Lob ihrer Freuden, denn die Luft faßt und erhält alles, was unter dem Himmel ist. Wie in allen dir dargezeigten Wundertaten Gottes hörst du eine liebliche und süße Freudensymphonie, die Wunder der Auserwählten in der himmlischen Stadt, die in Gott mit lieblicher Ehrfurcht stehen. Klage erschallt über die Niederbeugung jener, welche die alte Schlange zu zerstören trachtete, die göttliche Kraft aber machtvoll in die Gemeinschaft glückseliger Freuden führte, indem sie in ihnen jene Geheimnisse hervorbrachte, welche dem zur Erde gewandten Geist unbekannt sind. Dann hörst du die Wechselchöre der sich anspornenden Gotteskräfte, den Völkern zu helfen, mit denen teuflischer Neid kämpft; sie sind es auch, die die Teufelskünste niedertreten, so daß die gläubigen Menschen dennoch von den Sünden zum Himmel durch Buße gehen. Nachdem sie aber mit größter Anstrengung überwunden sind, kehren die in Sünden gefallenen Menschen durch göttlichen Willen zur Buße zurück, indem sie ihre früheren bösen Taten erforschen und beweinen und spätere sorgfältig meiden.

6. Dieser Klang, der wie eine Menge von Stimmen in Lobpreis vom Himmel in Harmonie zusammen erklingt, will in einmütigem Jubelgesang den Ruhm und die Ehre der Himmelsbürger preisen, so daß er himmelwärts erhebt, was das Wort eröffnet.

7. So stellt das Wort den Körper dar, die Symphonie aber den Geist. Die Himmelsharmonie verkündet die Gottheit und das Wort die Menschheit des Sohnes Gottes.

Copyright © 2021 by FV Éditions
Ebook ISBN : 979-10-299-1118-7
Paperback ISBN : 979-10-299-1119-4
Hardcover ISBN : 979-10-299-1120-0
All rights reserved.

Also Available

www.ingramcontent.com/pod-product-compliance
Lightning Source LLC
LaVergne TN
LVHW041701060526
838201LV00043B/523